L'AVENIR D'ALGER.

Imprimerie de Cosse et J. Dumaine, rue Christine, 2.

L'AVENIR D'ALGER

PAR

Le Lieutenant-Colonel **CARDINI**,

Ancien chef de la Légion de Gendarmerie d'Afrique, Officier de la Légion d'honneur, et Chevalier de Saint-Louis.

Servanda Carthago.
(Anti-Caton.)

PARIS

J. DUMAINE, NEVEU ET SUCCESSEUR DE G.-LAGUIONIE,

Libraire de LL. AA. RR. les ducs de Nemours et d'Aumale,

Rue et passage Dauphine, 36.

1846.

L'AVENIR D'ALGER.

La détermination de livrer à la publicité quelques réflexions sur l'avenir de notre conquête d'Afrique, doit faire supposer de puissants motifs, après tout ce qui a été dit au sujet de cette possession. Ces motifs ne sont autre chose qu'un devoir que nous nous sommes imposé, comme suite de ceux que nous y avons remplis et qui nous confirment dans le dessein de faire tourner au profit de la chose publique l'expérience que nous ont acquise cinq années d'exercice de fonctions assez importantes, au milieu des populations avec lesquelles nous avons à nous entendre.

Ce tribut civique de nos pensées en offrira, nous en sommes certain, qui seront assez écartées des sentiers battus; mais le lecteur jugera si la nouveauté de nos vues n'est pas plutôt la conséquence d'une profonde conviction sur des points non encore considérés, que l'effet d'un frivole désir de se singulariser, ou d'un parti pris de penser autrement que les autres.

En témoignage de cette disposition, nous commencerons par proclamer une vérité sur laquelle on est généralement d'accord. C'est le penchant insurmontable que les Barbaresques ont toujours manifesté pour le brigandage de mer, joint au trafic de l'esclavage, et conséquemment la nécessité, pour toutes les nations civilisées, d'un solide établissement des Européens sur le rivage d'où ces incorrigibles pirates faisaient partir leurs audacieux armements.

Une désignation succincte du pays et un rapide coup d'œil sur l'enchaînement de ses destinées, nous paraissent donc indispensables, pour que l'on se représente avant tout le caractère des hommes dont nous nous occupons et le théâtre où s'agitent les intérêts que nous avons à démêler avec eux.

Ce qui, avant la conquête, portait le nom de Régence d'Alger, est, au nord de l'Afrique, cette étendue de pays bornée à l'est par le royaume de Tunis, à l'ouest par l'empire de Maroc, longeant de 88 myriamètres (220 lieues) les côtes de la Méditerranée; à peu près autant au midi, sur la lisière du Zaara ou Grand-Désert, et présentant l'espace moyen de 16 à 20 myriamètres (40 à 50 lieues), coupé parallèlement à la mer par la longue chaîne des montagnes de l'Atlas.

Si l'on veut porter plus loin la curiosité en comparant la situation de cette contrée avec les anciennes divisions géographiques, on peut considérer que le pays d'Alger était autrefois compris, partie dans la Numidie, bornée à l'est par celui que les Romains connaissaient sous le nom d'Afrique proprement dite, et partie dans la Mauritanie, qui s'étendait à l'ouest depuis l'embouchure de l'*Ampsaga* jusqu'à l'Océan. C'est la Numidie qui avait pour capitale la ville de Cirta, appelée aujourd'hui Constantine, patrie de deux puissants rois, Massinissa et Jugurtha.

On y remarquait aussi l'ancienne *Hippo* ou *Hippone*, peu distante du lieu où est actuellement *Bone*, et, de plus, *Tagaste* et *Tipsa*. La Mauritanie fut divisée en Césaréenne, dont *Julia-Cæsarea*, aujourd'hui Cherchel, était la capitale, et où se trouvait aussi *Icosium*, que l'on croit avoir été l'ancien emplacement d'Alger, *Rusguro*, dont les ruines se voient encore au cap Matifou ; et en Mauritanie *Tingitane*, qui forme de nos jours les royaumes de Fez et de Maroc. La Mauritanie Sitisente, ainsi nommée de *Sitisi*, sa métropole, se forma plus tard d'un démembrement de la Césaréenne, et comprenait la ville de *Salda*, que nous appelons Bougie.

Les anciens habitants de la Numidie et des Mauritanies descendaient des Gétules, grande nation dont on connaît peu l'histoire, et à laquelle on fait probablement allusion en parlant de la victoire d'Hercule sur Antée ; nation qui se détacha des diverses tribus des Sabéens, émigrés de l'Arabie en Afrique, et vint occuper toute la chaîne de l'Atlas, lorsque les colonies phéniciennes s'emparèrent de la côte. Ces peuples vivaient sous des tentes et sans demeures fixes. Ils n'ont dû former des corps monarchiques réglés qu'après s'être adonnés à l'agriculture, et déjà dans le temps des deux premières guerres puniques Gaba et Syphax régnaient sur les deux Mauritanies, après avoir agrandi leurs États par des conquêtes sur d'anciens petits souverains. Ces deux royaumes ainsi que la Numidie luttèrent longtemps contre les Romains pour repousser le joug qu'ils finirent par subir sous Jules César, et à la mort de Juba II, à qui Auguste avait fait rendre le trône paternel, toute cette partie de l'Afrique fut déclarée possession de l'Empire.

Le christianisme s'étendit dans ces contrées dès le premier siècle, et l'on y comptait 672 évêchés au commencement du cinquième, parce qu'il suffisait de la population de quelques petites villes pour rendre nécessaire l'établissement d'un siége épiscopal. Il s'y assembla des conciles célèbres, il s'y forma des docteurs d'une haute réputation, et plus tard on y compta un grand nombre d'illustres martyrs. Mais l'Eglise d'Afrique n'était pas loin de sa ruine. Le gouverneur Boniface, voulant se faire un appui des Vandales contre le trop juste soupçon de trahison qu'il avait inspiré à Placidia, régente de l'empire, appela Genseric, leur roi, et celui-ci, saisissant une aussi belle occasion d'envahissement, vint fonder une domination dont ses successeurs ne furent dépouillés qu'un siècle après par Bélisaire, général de l'empereur Justinien. Ce fut dans cet intervalle que les Vandales s'efforcèrent de faire prévaloir par des persécutions l'hérésie des ariens qu'ils avaient embrassée. Enfin, le comble fut mis au malheur des chrétiens d'Afrique sous le règne d'Héraclius, par l'invasion que firent facilement dans les Mauritanies, les Arabes qui venaient de conquérir la Syrie et l'Egypte, et dont le torrent, après avoir traversé l'Espagne, rencontra sa digue en France, d'où il fut repoussé par Charles Martel. C'est depuis ce temps-là qu'une multitude de *cheiks*, se disputant le commandement, donnèrent sujet aux diverses races qui repoussaient l'oppression, d'aller chercher un asile dans les montagnes et d'y former par des mélanges successifs cette population indomptable que nous désignons sous le nom de *Kabaïles*. La piraterie ne tarda pas à se déployer sur les rivages lorsque les Maures, chassés de l'Espagne après la prise de Grenade, vinrent se réfugier dans les ports d'Oran et d'Alger, d'où ils continuèrent d'inquiéter les chrétiens avec tant d'ardeur, que toutes les nations de l'Europe virent de bon œil l'expédition dirigée en 1505 par le grand ministre Ximénès et commandée par le comte de Navarre. Mais la terreur du nom espagnol ne fut que temporaire sur la côte d'Afrique. L'audace et la bravoure du fameux corsaire *Barberousse* firent changer la fortune des armes; et quoique ce barbare payât de sa vie, dans un combat, l'atroce empoisonnement qui l'avait fait monter sur le trône d'Alger, la cause des chrétiens continua de déchoir sous les efforts de Chérédin, son successeur, qui, pour se faire garantir le sceptre que son frère avait usurpé, se pressa de se soumettre à la suzeraineté du Grand-Turc.

Les brigandages de ces cruels corsaires ne reconnaissaient plus de bornes. C'est ce qui détermina Charles-Quint à se présenter dans la baie d'Alger avec une flotte de 516 voiles portant une armée de 36,000 hommes, commandés par les plus fameux généraux ; mais on sait la déplorable issue que les tempêtes réservaient à ce formidable armement au milieu des prodiges de valeur qui l'ont signalé. La puissance des pirates n'en devint que plus redoutable : ils étendirent leurs ravages jusque sur les îles Canaries; et malgré les forces de l'Angleterre, unie en 1621 avec l'Espagne, malgré la descente des Français à Gigelli vers le même temps, malgré le bombardement d'Alger par Duquesne en 1683, suivi d'un autre à peu d'années de là, qui anéantit la marine algérienne dont les forces s'étaient tellement accrues dans l'espace de 40 ans, qu'elle comptait 65 grands vaisseaux, outre ses galères et ses galiotes, ces opiniâtres forbans soumettaient un siècle plus tard la cour de Madrid à leur acheter la paix moyennant une somme de six millions et de grands approvisionnements de guerre ; et 20 ans après, tandis que l'ascendant de Napoléon les contraignait à rendre la liberté aux esclaves français et italiens, les consuls d'Angleterre recevaient du dey d'Alger des avanies dont l'amiral Nelson ne put obtenir réparation avec 11 vaisseaux de ligne. Les États-Unis d'Amérique n'eurent pas moins à se plaindre des pirateries que les autres nations, et ce fléau ne suspendit son cours qu'en 1816, lorsqu'un autre amiral anglais (lord Exmouth), ayant combiné ses forces avec une flotte hollandaise, eut incendié celle des Algériens et fait pleuvoir un feu terrible sur la ville.

Mais les dures conditions imposées au dey Omar n'humilièrent que passagèrement la Régence. L'insolence barbaresque se releva bientôt ; les courses, l'esclavage et les avanies recommencèrent sous l'autorité du dey Hussein, qui brava de nouveau toutes les puissances chrétiennes et mérita le châtiment que lui infligea la France par l'expédition de 1830, dont le glorieux succès a chargé cette nation du noble soin de faire revivre en Afrique les droits imprescriptibles de l'humanité.

Mais pour arriver à ce but, et changer la face d'un pays qui renferme tant de germes de prospérité, les conquérants ont-ils pris les moyens qu'il fallait prendre? Il serait permis d'en douter à voir où en sont les choses après plus de quinze ans de possession. Une armée de cent mille hommes et de dix-huit mille chevaux, sans compter les troupes indigènes ou auxiliaires, éparpillée sur l'ancienne Régence, se heurte inopinément contre des hordes soulevées, court après des tribus qu'un juste désir d'indépendance emporte dans les montagnes ou dans les déserts. Cette guerre, dont le terme est invisible, qui aguerrit de plus en plus et rend implacables les races diverses que n'ont jamais pu soumettre entièrement ni les Romains ni les Turcs, n'offre pas même le faible avantage de procurer la sécurité à quelques poignées de pauvres colons abrités sous le canon de nos redoutes. D'horribles massacres répondent de temps en temps aux dévastations que nous nous croyons obligés de faire pour réduire à l'obéissance de malheureux pasteurs dont la défection vient souvent de l'impossibilité où nous sommes de les protéger contre des voisins fanatiques. Dans ce barbare assaut de cruautés, qui dissipe les ressources de la France, nous dénaturons déplorablement le généreux caractère du soldat ; et cela, on pourrait presque dire, pour ne régner que sur l'espace qu'il couvre de la plante de ses pieds, pour passer une nuit sur la cendre des humbles demeures de ceux que nous mettons en fuite, et dont nous nous faisons de faux alliés, quand nous pouvons les contraindre à revenir sur leurs pas. Le seul profit, l'avantage le plus net que l'on ait encore retiré de la conquête (il est douloureux de le reconnaître et de l'avouer), bien loin d'être réparti sur ceux qui ont arrosé cette terre de leur sueur et de leur sang, demeure le partage de quantité de courtisans de la fortune qui se sont donné ou ont reçu mission d'écrémer le pays conquis, et dont il n'y aurait pas encore autant à se plaindre si leur inutilité pour l'intérêt public était tout le reproche qu'on pût leur faire.

Quand les grands dominateurs du temps passé furent lutter avec les ancêtres des peuplades que nous voulons dompter aujourd'hui, ils en avaient attaché une partie à leurs intérêts. C'était sous les efforts combinés de l'Italie et de quelques rois africains que Carthage avait succombé. Plusieurs districts du pays conquis furent politiquement cédés à Utique ; et la province proconsulaire, que les Romains formèrent de ce qu'ils s'étaient réservé, leur devint un point d'appui fort avantageux lorsqu'ils entreprirent la guerre contre l'usurpateur du trône de Numidie. D'ailleurs, un puissant parti ne les secondait pas moins de ses armes que de ses vœux. Les contrées qu'ils allaient parcourir s'étaient enrichies par l'agriculture et le commerce depuis le sage gouvernement de Massinissa, sous lequel la plupart des tribus nomades avaient quitté la vie pastorale et à demi sauvage, pour devenir tribus agricoles et sédentaires. D'opulentes cités, telles que *Cirta*, *Zanca*, *Vacca*, *Thala*, *Capsa* et

Laris offraient de respectables places de garnison après avoir été la proie des vainqueurs. Et pourtant, avec de si grands avantages, les Romains ne purent jamais établir solidement leur domination sur toute l'étendue de ce royaume, qui n'était encore qu'une partie du pays que nous occupons aujourd'hui. Il ne faut qu'ouvrir l'histoire pour savoir à quel ennemi ils avaient affaire.

« Jugurtha se montre tantôt à Métellus, tantôt à « Marius, harcèle l'arrière-garde, et sur-le-champ re- « gagne les collines, menace et les uns et les autres, ne « leur livre pas bataille, ne les laisse pas en repos, seu- « lement arrête leurs entreprises (1). »

Qui ne reconnaîtrait à cette peinture et aux traits suivants les infatigables personnages avec lesquels on nous voit jouer si sérieusement aux barres, dans les bulletins d'Afrique?

« Chez les Numides, la cavalerie du roi le suit seul « dans sa fuite; les autres soldats se retirent où il leur « plaît, sans que cette conduite les déshonore (2). »

« La cavalerie maure et gétule, sans accord, sans « discipline, mais groupée au hasard, fond sur les nô- « tres (3). »

C'est vraisemblablement l'opiniâtreté des Maures et des Numides, descendants des peuples primitifs venus

---

(1) Ex tempore Jugurtha.... modo se Metello, interdum Mario ostendere postremos in agmine tentare, ac statim in collis regredi; rursus aliis, post aliis minitari; neque prælium facere, neque otium pati; tantummodo hostem ab incepto retinere. (*Salluste.*)

(2) Præter regios equites nemo omnium Numidarum ex fuga regem sequitur; quo cujusque animus fert eo discedunt, neque id flagitium militiæ ducitur. (*Salluste.*)

(3) Equites mauri atque gætuli, non acie, neque ullo modo prælii, sed catervatim, uti quosque fors conglobaverat, in nostros concurrunt. (*Salluste.*)

de l'Asie dans le nord de l'Afrique, et suppléant par la dissimulation à la force dont ils manquaient contre les puissants ennemis de leur liberté, qui a fait dire de ceux-ci ce qu'on disait plus particulièrement des habitants de Capsa : « Race d'hommes changeante, perfide, « et que n'enchaînent jamais ni les bienfaits ni la « crainte (1). »

Cette force de résistance vit aujourd'hui, se perpétue dans les tribus que nous appelons Kabaïles ou Berbères, reste composé de toutes les races qui ont successivement combattu les conquérants de ce pays ; et l'on peut reconnaître évidemment, en considérant cette suite de dominations, que ni la Numidie ni les contrées dont se composaient les trois Mauritanies, n'ont complétement appartenu à aucune des nations qui les ont envahies. Carthage, avec tous ses riches et puissants moyens de suprématie en Afrique, n'étendait pas son territoire plus loin qu'*Hippo-Regius* (Bone). Elle avait bien sur toute la côte et jusque sur l'Océan de nombreux établissements et des comptoirs, mais elle avait respecté le régime municipal de ces pays, et les Mauritaniens étaient restés indépendants.

Nous avons vu que lorsque les Romains eurent triomphé de cette république marchande, ils concédèrent une partie de leur conquête aux alliés, trouvant ensuite assez de gloire à ce que firent Gracchus, César et les empereurs pour repeupler et embellir la capitale, au point de ne la laisser surpasser que par Rome, et de ne lui voir d'autre rivale qu'Alexandrie ; et tandis que dans l'espace de temps qui s'est passé entre le règne d'Auguste et l'in-

(1) Genus hominum mobile, infidum, neque beneficio neque metu coercitum. (*Salluste.*)

vasion des Vandales (429), les profits du commerce et les autres sortes de prospérité permettaient d'élever ou d'agrandir de magnifiques villes, telles que *Cirta*, *Julia-Cæsarea*, *Lambasa*, *Sitifis*; les généraux du peuple-roi ne cessaient de s'occuper à prendre des positions de sûreté et donnaient par là une preuve du besoin continuel de se tenir sur leurs gardes, auprès de voisins qui n'étaient pas entièrement résignés à la soumission.

A l'exemple des Carthaginois, les Romains se contentèrent de maintenir leur puissance sur divers points de la côte. Des rois alliés, des villes fédérées, des colonies militaires, de nombreux concours d'étrangers et d'indigènes éprouvaient plus ou moins directement les effets de leur influence dans une sage distribution de justice, d'appui et d'avantages réciproques pour le commerce. Une route pratiquée tout le long de la mer unissait ces divers points entre eux. La vaste et fertile plaine d'*Hippo-Regius*, ainsi que sa rade, communiquait avec la colonie de *Rusicada* par quatre stations intermédiaires (1). Là, était le point maritime et le mouillage le plus rapproché de Cirta.

Aucune station ne se trouvait dans la continuation du trajet vers *Culla* (aujourd'hui Collo), forte et avantageuse position sur une montagne qui avoisine un port bien abrité, une riche campagne et d'antiques forets. Entre ce lieu et *Igilgilis* (aujourd'hui Gigel ou Gigery), il n'y avait qu'une seule station (2). Igilgilis, sur une petite presqu'île escarpée, qui avance et forme un port vers l'est, était le chef-lieu d'une colonie romaine

---

(1) *Sulluco*, *Zacatua*, *Culucitanea* et *Paratiana*, auxquelles Peutinger ajoute, entre la seconde et la troisième, *Zaca* et *Muharur*.

(2) *Pacciana* ou *Panchariana*.

et un point fortifié par sa situation. Pour aller ensuite à *Salda* (Bougie), métropole d'une autre colonie, ayant un bon port, formé par le promontoire où elle est assise, on traversait deux stations (1). Il y aurait peu d'utilité et peut-être quelque incertitude à prolonger la désignation détaillée de ces points d'occupation vers Alger, Cherchel, Tenès, Mostaganem, Arzew et Oran. Il suffit à nos vues de faire remarquer avec quelques particularités que ce système d'occupation, adopté par les Romains, embrassait aussi des lignes de communication dans l'intérieur du pays.

Sous ce rapport, *Cirta* (aujourd'hui Constantine) était regardée comme la position la plus importante à occuper, soit pour conquérir, soit pour défendre la Numidie. Cette place commandait les nombreuses routes qui conduisaient vers la mer, l'Atlas, la province d'Afrique et les Mauritanies. Celle que l'on suivait pour s'y rendre d'*Hippo-Regius* présentait, au sortir d'une vaste plaine, la ville romaine d'*Ascurus*, et ensuite, au delà d'une montagne qu'on appelle aujourd'hui Col-de-Monarah, et sur la rive gauche de la Seybouse, la riche et forte ville de *Suthul*, près de laquelle Jugurtha fit passer sous le joug une armée romaine de 40,000 hommes, commandée par le pro-préteur Aulus Posthumius. Il ne restait plus de là pour arriver à *Cirta*, qu'à franchir une montagne que les Arabes ont nommée de nos jours le *Coupe-Gorge*. Une autre route conduisait à cette ville en partant de *Igilgilis*, point maritime. La première station était à *Tucca-Fines*, sur l'Ampsaga (aujourd'hui l'Ouad-el-Kebir), un peu au nord du confluent de ce fleuve et du Rummel; et l'on arrivait ensuite à *Mileum* (Milah),

(1) *Coba* et *Muscubio*.

entre laquelle et *Cirta*, il n'y a plus que les deux flancs d'une chaîne de montagnes. Si l'on partait de *Salda* (Bougie), la première station avant *Mileum* était *Sitifis* (Sétif); et enfin, si des bords de la mer on voulait parvenir à *Cirta* par le chemin le plus court, on partait de *Rusicada*, et cette voie encore très praticable, introduit dans des plaines où la salubrité de l'air égale la fertilité de la terre.

Pour la sûreté de toutes ces lignes de communication, les Romains entretenaient des postes militaires qu'ils avaient espacés de mille en mille mètres, où se logeaient vingt à trente hommes garantis par un parapet de un mètre à un mètre et demi de haut, formant une enceinte carrée. Tous ces postes recevaient leur garnison de plusieurs camps retranchés, disposés à plus d'intervalle et pouvant contenir de cent à cent cinquante hommes.

La sécurité ne s'étendit que progressivement. Elle parvint à la longue au degré que la nature des choses lui permit d'atteindre, lorsque les doctrines pacifiques du christianisme eurent pénétré dans le plus grand nombre des esprits. Ce progrès qui s'accompagnait de l'éclat des lumières, fut arrêté par les Vandales, au temps où il vinrent porter en Afrique la désolation inséparable d'une agression animée par le double fanatisme politique et religieux. La lutte se prolongea jusqu'à ce que ces hordes germaines, amollies par un demi-siècle de satisfactions sensuelles aient été contraintes de céder la place aux soldats de Byzance. Mais à son tour l'armée grecque eut à soutenir pendant presque vingt ans les efforts des Maures qui refusaient de se soumettre et continuaient plus tard leurs mouvements d'impatience du joug. Aux époques mêmes de la plus haute puissance des empereurs d'Orient sur l'Afrique septentrionale, les deux dernières Mauritanies conservèrent leur indépendance. Les Grecs n'y possédaient que Césarée et Septum (Cherchell et Ceuta). La guerre y reparut toujours plus furieuse dans la seconde moitié du septième siècle, à l'arrivée de ces essaims d'Arabes poussés par l'enthousiasme des doctrines de Mahomet. Ils détruisent Carthage jusque dans ses fondements; les Grecs et les indigènes, les chrétiens et les païens sont également subjugués, et il n'échappe à la domination des principautés musulmanes que les indomptables montagnards de l'Atlas, que l'on vit ensuite embrasser peu à peu l'islamisme sans se livrer pourtant au pouvoir des conquérants, qui continuèrent les combats sous les ambitieuses rivalités de leurs chefs. Tous ces Etats, fondés et soutenus par le sabre, eurent depuis à se mesurer avec les Espagnols, qui voulaient prendre leur revanche de l'invasion des musulmans. Ce fut au point que les Arabes ne virent d'autre moyen d'arrêter les progrès des chrétiens que d'appeler à leur aide les Turcs, comme eux disciples de Mahomet. On connaît assez la détestable perfidie qui mit Alger sous la tyrannie du renégat Barberousse. Les droits que la Porte prétend avoir sur ce pays, n'ont pas d'autre titre, et c'est à cette odieuse violence qu'il faut faire remonter l'origine du gouvernement que les Turcs ont fait peser sur les tribus de la Régence, origine qui n'a été autre chose que l'empoisonnement du roi d'Alger par celui même dont ce malheureux prince implorait le secours. Ce gouvernement était le partage exclusif de la milice turque et des renégats, qui, sous le commandement du Dey, chef suprême et absolu choisi par eux, se partageaient tous les emplois de l'administration et de la guerre. Le divan ou grand conseil était composé d'officiers à qui le rang d'ancienneté avait donné droit d'en faire partie. Le même privilége, ainsi que celui d'exemption d'impôts et la prérogative de n'être pas punis en public, appartenait aux individus nés du mariage d'un renégat avec une femme maure, et que l'on comprenait dans le nombre des *koulouglis*, lesquels avaient le titre d'*effendi* ou seigneur.

Tous ces privilégiés n'étaient guère que la quarantième partie de la population totale de la Régence d'Alger, dont on avait formé quatre divisions. Trois étaient gouvernées chacune par un Bey, savoir : Le *beylick* de Constantine, celui d'Oran et celui de Titery ; et la division comprenant Alger restait sous le gouvernement immédiat des officiers de l'État. Chaque beylick se subdivisait en districts appelés *otan* dont on confiait l'administration à des *kaïds*, et ceux-ci commandaient à autant de cheiks qu'il y avait de tribus dans chaque *otan*. Les principaux particuliers de la tribu proposaient le cheik au kaïd, et celui-ci les présentait au Dey pour être commissionnés.

On comptait à peu près quarante kaïds dans chacune des provinces de Constantine et d'Oran, quatorze dans celle de Titery et neuf dans la province d'Alger, dont cinq dans la montagne et quatre dans la plaine.

Tel était le réseau administratif que les vassaux du Grand-Seigneur avaient étendu sur leur proie pour s'assurer la levée des taxes annuelles, c'est-à-dire d'une capitation et du huitième du produit des terres, pour lesquels impôts chaque province était tenue de payer une somme proportionnelle aux moyens qu'on lui supposait pour s'en acquitter ; ce qui s'effectuait partie en nature et partie en argent dans la tournée que le Bey et ses kaïds faisaient tous les ans avec les troupes que leur fournissait le Dey, et qu'ils entretenaient à leurs frais tout le temps que durait cette perception à main armée.

A ces contributions il faut ajouter, si l'on veut se faire une idée plus exacte des ressources de cette domination de pirates, le huitième alloué au gouvernement sur les prises maritimes, les droits de douane, d'aubaine et de succession, les biens des habitants morts sans héritiers, les contributions des kaïds indépendants, et les exactions habituelles des collecteurs, sans compter les immenses possessions que des confiscations arbitraires mettaient tous les jours dans les mains de ce gouvernement.

Malgré ces formidables ressorts d'oppression appuyés par une milice impitoyable dans ses moyens de contrainte, les Turcs retrouvaient assez souvent chez les peuplades de l'intérieur cette résistance héréditaire que nous avons continué de remarquer ici dans les invasions successives. Il se faisait peu de tournées de recouvrement sans quelque choc meurtrier, et la terreur qui accompagnait les janissaires rentrait dans Alger lorsqu'à leur retour, célébrant une sorte de victoire, ces bandes féroces déchargeaient leurs armes sur les maisons de la ville.

La manifestation la plus grave qu'aient faite les tribus contre la tyrannie des Turcs, est celle qui résulta en 1804 de la conspiration ourdie par le marabout Bou-Daïli. Une forte armée de montagnards se précipita sur Constantine, et aurait arraché cette ville au bey Osman, si, acharnés au pillage des premiers quartiers dont ils s'emparèrent, les assiégeants ne s'étaient laissé surprendre par le retour des Turcs qu'ils avaient mis en fuite. Une autre tentative importante fut faite vers l'ouest par Ben-Cherif, qui avait secondé Bou-Daïli dans son insurrection. Il tint bloqué pendant deux mois à Oran le bey Mustafa-el-Manzali, et après s'être vu sur le point de faire succomber la puissance turque, il fut contraint d'aller chercher un refuge dans le Maroc.

Parmi ces tribus passionnées pour leur indépendance, il faut d'abord citer les Kabaïles, dont le nom vient de *kabylet* qui, en arabe, signifie *tribu*. Cette belliqueuse race, originaire du mont Atlas, et dont la langue dite *berbère* ou *chouvia* diffère entièrement de toutes les autres du pays, aurait pu défier seule toutes les forces de la Régence. Ils habitent la chaîne du Jurjura, branche de l'Atlas formant une enceinte presque innaccessible à l'est de Bougie, et les environs du défilé de la *Porte-de-Fer*, passage entre des rochers dont quelques-uns ont de cent soixante-dix à deux cents mètres d'élévation. Ces tribus nombreuses, qui vivent de l'agriculture et de leurs troupeaux, se font un point d'honneur de refuser toute alliance avec les autres peuplades. Leur attachement à leurs montagnes, qu'ils occupent jusqu'au sommet, est à tel point, que le petit nombre de ceux qui vont habiter la plaine ou servir dans les villes, ne peuvent guère se priver d'aller revoir ces montagnes deux fois par an. Chaque *garoubas* ou division de tribu est gouvernée par un cheik élu en assemblée générale, et pour fort peu de temps. C'est la réunion de tous les chefs de *garoubas*, qui administre la justice criminelle dans chaque tribu, tandis que la justice civile est rendue par les *talebs* ou savants, élevés dans un collége doté suffisamment pour en entretenir jusqu'à cinq cents. C'est en assemblée générale que se décident toutes les affaires de haute importance; et si plusieurs tribus entreprennent quelque grande guerre, elles en confient le commandement à un chef commun, toujours pour peu de temps. On ne trouverait pas un gouvernement plus démocratique que celui de cette nation active et pleine d'intelligence, dont les heureuses dispositions, l'adresse, la force et la bravoure s'allient avec des mœurs sociales.

Une autre race qui était tout aussi peu soumise aux Turcs, ce sont les Arabes descendants des mahométans qui firent la conquête de l'Afrique septentrionale. Ils vivent sous des chefs qu'on appelle également *cheiks*, et retirés dans les plaines lointaines où ils étaient allés se soustraire à la dépendance des nouveaux maîtres de la Régence. Ils payaient rarement le tribut aux Algériens, mais ils leur fournissaient des cavaliers pour maintenir l'autorité du Dey dans l'intérieur du pays. Une partie sont sédentaires et cultivent les terres; ils ont les vertus domestiques et civiles; ils exercent très noblement l'hospitalité, et la cruauté qu'on peut leur reprocher de montrer quelquefois, est moins un penchant que la suite de quelque ressentiment excité par une barbare conduite dont ils n'auraient point donné l'exemple. M. Pellissier (1) a trouvé que leur existence intérieure diffère peu de celle de nos campagnards, avec moins de fatigue toutefois, et qu'un chef de tribu ne serait point déplacé dans la bonne compagnie d'Europe. Quant à ceux dont la vie est errante, qui habitent sous des tentes, et qu'on appelle *Bédouins*, on les trouvait généralement moins traitables et encore plus impatients du joug des Turcs; mais tant les uns que les autres sont, de tous les peuples de la terre, ceux qui ont le plus conservé des mœurs antiques : les chefs suprêmes ne dédaignent pas de conduire leurs troupeaux, et ce sont leurs filles qui vont puiser à la fontaine l'eau que demande le ménage.

Le gouvernement de la Régence avait plus de prise sur la race des Maures, vieille population de la Mauritanie, qui compose la plus grande partie de celle des villes et des campagnes les mieux cultivées. La langue qu'ils parlent est un dialecte de l'arabe; ils se font remarquer par la pénétration de leur esprit, et par cette souplesse de caractère qui dispose les hommes aux procédés de la civilisation.

(1) Annales d'Alger.

Nous ne pouvons mettre non plus au nombre des sujets revêches les *Biscarres* ni les *Mozabites*, peuplades voisines de la partie du désert au sud et dépendante d'Alger. On les distingue par la douceur et l'activité de leur naturel, autant que par leur fidélité et leur probité dans le commerce. De nombreuses troupes de ces bonnes gens venaient exercer leur industrie dans la capitale; les uns exploitaient toutes les boulangeries, faisaient le service de domestiques de confiance et de commissionnaires; les autres avaient en partage les boucheries et les moulins, et tenaient exclusivement les bains publics.

D'après le témoignage du voyageur Bruce et celui de sir Grenville Temple, rapporté par M. Dureau de la Malle, il serait encore possible de reconnaître, à côté de ces diverses races, les descendants de la population chrétienne qui couvrait et possédait le pays avant l'invasion des Sarrasins. Entre Biscara et Constantine, sur la montagne de l'Auras, existerait une tribu dite de *Neardi*, toujours en guerre avec les Maures, qui se vante d'avoir les chrétiens pour ancêtres. Une croix grecque est tracée avec de l'antimoine entre les yeux bleus de ces hommes, qui ont aussi le teint clair et les cheveux rouges. D'autres hommes, au teint blanc, ayant les cheveux châtains, et d'une figure toute différente de celle des Arabes, ont été vus arrivant des tribus qui sont au sud de Tozer et de Nephta. M. Quatremère a lu dans le manuscrit d'Ébu-Khaldoun, historien des Berbères, qu'il y avait dans la même contrée, et jusqu'auprès de Cassa, une peuplade de *Frandjas*, reste des anciens Romains et chrétiens, de même qu'une tribu à 20 lieues d'Alger. Ce qui s'accorde bien avec ce que dit en outre M. Quatremère, qu'une population chrétienne existait encore, il y a cinquante ans, à quelque distance au sud de cette ville. Ce fait important reçoit une confirmation remarquable.

M. Paravey a vu en 1832, au tribunal du cadi d'Alger, un homme blanc, qui avait les joues roses, les yeux bleus, les cheveux blonds, et qu'il prit pour un Allemand. Cet homme, interrogé par un interprète, répondit qu'il était d'une tribu à 25 lieues au sud d'Alger.

Mais entre les sections pacifiques, on peut dire qu'il n'en était point de plus soumise et de plus résignée que celle des juifs, lesquels pourraient bien avoir pris pied en Afrique après la destruction de Jérusalem, ou, comme on le croit plutôt, lorsqu'ils furent chassés d'Europe au treizième siècle. Les sujétions qui leur étaient imposées, les avanies qu'il leur fallait endurer, permettent de croire que cette partie de la population algérienne conservait, contre les oppresseurs communs, mais avec dissimulation, le même désir d'affranchissement que les montagnards de l'intérieur faisaient éclater devant les collecteurs assez téméraires pour aller demander l'impôt.

Il est donc naturel de conclure de cette suite d'observations, que la puissance des Turcs en Algérie ne se maintenait qu'en disposant d'une force armée de quarante à cinquante mille hommes, et que les peuples de ces contrées avaient autant d'intérêt que les nations commerçantes de l'Europe à voir disparaître cette colonie de forbans.

On peut examiner à présent si les conséquences de la conquête sont telles qu'il soit permis de dire qu'elles tourneront à l'avantage des peuples tirés de l'oppression, aussi bien qu'à celui des vainqueurs auxquels ils sont redevables de leur délivrance. Pour qu'il en fût ainsi, la première condition serait que le rôle adopté par la France au nord de l'Afrique n'eût rien qui pût faire croire à la continuation de celui des Turcs ; et une position toute différente pouvait y être prise par elle, après avoir trouvé un ample dédommagement de son expédition, dans les dépouilles et l'humiliation de son ennemi. C'est malheureusement ce que l'on ne jugea pas à propos de faire. Au lieu de rassurer d'abord les tribus, en proclamant leur entier affranchissement, on a mieux aimé entreprendre d'abord des promenades militaires vers le centre du pays, avec l'entière apparence d'un dessein de domination hostile ; et comme toute promenade nécessite un retour, le retour fut pris pour une retraite ; les plus timides se rassurèrent, et, dans la montagne, le prestige de nos armes commença de décliner en même temps que l'irritation augmentait dans la ville, par l'invasion d'une foule d'entrepreneurs de fortunes, qui vinrent s'approprier à vil prix les biens-fonds que laissaient les exilés ou ceux que la première frayeur emportait loin de leurs foyers. On renversa des édifices ; on ouvrit de toutes parts des chemins menaçants pour l'intérieur, et qui laissaient voir le long des deux bords les ossements humains mêlés avec les débris des tombeaux qu'il avait fallu défoncer sur le passage. En un mot, tout s'accordait à nous donner l'attitude de conquérants impérieux et turbulents, qui venaient perpétuer et aggraver un régime détesté. Les fidèles musulmans se scandalisèrent de la propagation de nos cabarets tentateurs, et peu de temps suffit, auprès des plus graves personnages, pour accréditer l'opinion que nous ne croyions pas en Dieu. Il fallut une démonstration pour ne pas se perdre entièrement dans l'esprit des Maures ; et tandis que tous les dimanches, la garnison était représentée par un détachement qui assistait à la messe dans une mosquée transformée en église, les hauts fonctionnaires y envoyaient leurs fauteuils bien rembourrés. Cela n'empêcha point que l'ambition de certains chefs indigènes eut bientôt tiré parti des préventions qui s'affermissaient de plus en plus, et la guerre sainte fut proclamée depuis les frontières du Maroc jusqu'à celles de

Tunis. Les confréries religieuses, dont nous parlerons plus tard, se mettent bientôt à l'œuvre : on nous applique les sentences fulminées par le Coran contre les ennemis de l'islamisme. Aux yeux des Maures et des Arabes, dont la foi religieuse est encore plus profondément enracinée que chez les Turcs, notre rôle de libérateurs fut alors changé en celui d'oppresseurs impies. On nous dispute le terrain : les tribus mêmes que nous regardons comme soumises, ne cèdent qu'à la plus dure nécessité et flottent dans la cruelle alternative de se déclarer pour le parti qui présente le danger le moins pressant. Et comment en serait-il autrement, lorsque les instigateurs de la guerre maîtrisent les esprits par l'interprétation d'un livre sacré, d'où ils tirent les passages qu'on va lire ?

« Combattez vos ennemis dans la guerre entreprise « pour la religion ; mais n'*attaquez pas les premiers, Dieu « hait les agresseurs*. Tuez vos ennemis partout où vous les « trouverez ; chassez-les des lieux d'où ils vous auront « chassés. Le péril de changer de religion est pire que le « meurtre. » (Coran, chap. 2.)

« Il est écrit que vous combattrez, et vous avez la « guerre en horreur ; mais il est possible que vous haïs- « siez ce qui vous est avantageux, et que vous désiriez « ce qui vous est nuisible. Dieu sait ce qui vous convient, « et vous l'ignorez. » (Chap. 2.)

« Si le fer meurtrier vous atteint, combien de vos en- « nemis auront un pareil sort ? » (Chap. 3.)

« Combien de prophètes ont combattu contre des ar- « mées nombreuses, sans se décourager des disgrâces « qu'ils avaient éprouvées en soutenant la cause du Ciel ? « Le malheur ne les a point abattus. Ils ne se sont point « avilis par la lâcheté.... » (Chap. 3.)

« O croyants ! ne ressemblez pas à ceux qui, devenus « infidèles, disent : Nos frères ont péri en marchant à la

« guerre ou en combattant. S'ils fussent restés parmi « nous, ils ne seraient pas morts. Ces paroles impies « leur causeront des soupirs. Dieu donne la vie et la « mort.... » (Chap. 3.)

« Lorsqu'on dit aux croyants : Venez combattre sous « l'étendard de la foi ; venez repousser l'ennemi ; ils ré- « pondaient : Si nous savions combattre, nous vous sui- « vrions. Dans cet instant ils étaient plus près de l'infi- « délité que de la foi.... » (Chap. 3.)

« Les fidèles qui restent au sein de leurs familles, sans « nécessité, ne seront point traités comme ceux qui dé- « fendent la religion de leurs biens et de leurs personnes... « Ceux qui marchent au combat auront un sort plus heu- « reux. » (Chap. 4.)

« L'aveugle, le boiteux, le malade, sont dispensés « de combattre. Quiconque suivra Dieu et le prophète « aura pour partage les jardins arrosés par des fleuves ; « ceux qui retourneront sur leurs pas sont destinés aux « supplices. » (Chap. 48.)

« Si Dieu vient à votre secours, qui pourra vous « vaincre ? S'il vous abandonne, qui appellerez-vous à « votre aide ? Que les fidèles mettent donc leur con- « fiance dans le Seigneur !... » (Chap. 3.)

« J'effacerai les péchés de ceux qui auront été chassés « de leurs maisons, qui auront souffert, combattu, et « seront morts pour défendre ma cause. » (Chap. 3.)

« Que sont les biens terrestres en comparaison des « jouissances du ciel ? Si vous ne marchez au combat, « Dieu vous punira sévèrement. » (Chap. 9.)

« Jeunes et vieux, marchez au combat et sacrifiez vos « richesses et vos vies pour la défense de la foi. Il n'est « point pour vous de plus glorieux avantage. » (Chap. 9.)

« Ceux qui les premiers ont quitté leur pays pour aller « à la guerre sainte, ceux qui ont suivi cet exemple glo-

« rieux, ont mérité l'amitié de Dieu qu'ils aimaient, et « il leur a préparé des jardins où coulent des fleuves, et « où ils goûteront des plaisirs éternels. » (Chap. 9.)

« O prophète! encourage les croyants au combat; « vingt braves d'entre eux terrasseront deux cents in- « fidèles. Cent en mettront mille en fuite, parce qu'ils « n'ont point la sagesse. » (Chap. 9.)

Le grand texte des exhortations de ceux qui excitent les tribus à nous faire la guerre, est dans ce discours que l'historien arabe Jannabé rapporte avoir été tenu par Mahomet à ses compagnons, avant la fameuse bataille de Bedr, qui fut le premier échelon de son élévation.

« L'épée est la clef du ciel; une goutte de sang répan- « due pour la cause de Dieu, une nuit passée sous les « armes, sont plus méritoires que deux mois de jeûne et « de prière. Les péchés de celui qui meurt dans une « bataille sont pardonnés, et ses blessures répandront « des odeurs suaves comme l'ambre et le musc. »

C'est dans cet esprit qu'un des lieutenants d'Abd-el-Kader écrivit en forme de manifeste, en septembre 1835, aux tribus des Beni-Kelil, alors amies des Français, pour les animer contre nous. Nous citerons quelques passages de cet écrit :

« Voilà quatre ans que vous êtes dans l'aveuglement et les ténèbres.

« Nous n'avons cessé de vous avertir, mais inutilement, car vous ne vous êtes jamais tenus pour avertis...

« Vous avez, au contraire, augmenté votre amitié à l'égard du mécréant, et vous avez étendu vos relations avec lui; vous vous êtes soumis à lui, et vous avez suivi ses conseils et ses avis.

« Le Dieu très haut a dit : Ceux qui fréquentent les juifs ou les chrétiens, qui se mêlent à eux, deviennent comme eux, et au jour de la résurrection ils ne se trouveront plus avec les vrais croyants, et ne seront pas en présence de Dieu et de son prophète.

«... Recherchez en conséquence les savants; réunissez-les pour la lecture de ce manifeste, et voyez ce qu'ils vous diront.

« Je vous déclare que je vous impose mon domestique et votre frère le bachir Ben-Khrouielid; quiconque suivra le mécréant ne sera pas compris au nombre des musulmans, et quiconque ne le suivra pas sera dans la voie et dans les vues de Dieu et des musulmans. Pour les uns et les autres, je m'avancerai avec mon camp et mes troupes; ainsi, ne vous en prenez qu'à vous de ce qui arrivera. Salut.

« Je vous recommande d'acheter des chevaux. Celui qui parmi vous pourra le faire, sera condamné à une amende de cent sulthanis, s'il n'obéit pas. Il en sera de même pour celui qui n'ayant pas de fusil n'en achètera pas.»

La grave considération d'une guerre à soutenir contre des masses nationales que l'on fait mouvoir par de semblables ressorts, dut entrer pour quelque chose dans le recours aux négociations qui amenèrent le terme des premières hostilités. Le gouvernement de la plus grande partie de la Régence arraché aux Turcs fut détaché de notre administration directe par le traité dit de la Tafna. Le plan de cet arrangement (pourquoi ne le dirions-nous pas) est très probablement ce que l'on peut concevoir de mieux pour se disposer à conjurer les mauvaises chances de l'avenir. Une seule faute l'a rendu funeste dans ses résultats. On ne peut s'imaginer aisément pourquoi le choix d'un chef à qui l'on confiait un pouvoir à peu près souverain sur le vaste pays que nous lui abandonnions sous quelques réserves, s'arrêta précisément sur l'homme qui, dans une prédiction faite en 1828 à son père par le célèbre marabout de Bagdad, avait été désigné comme devant être *sultan des Arabes du couchant*, c'est-à-dire des pays de Maroc, Alger et Tunis, aussitôt après la prochaine expulsion des Turcs; prédiction que les tribus de la province d'Oran avaient prise fort au sérieux en 1832, lorsque, toujours plus exaltées par les visions de quelques-uns de leurs marabouts, elles proclamèrent Abd-el-Kader, ce fils du pieux Mahi-ed-Din, sultan de leur pays, qui était à cette époque agité par de vives discussions, et que l'*élu du Ciel*, comme l'appellent les Arabes, eut bientôt pacifié. Et c'était dans le cours de la réalisation de ces brillantes prédictions qu'on élevait ce personnage sur le pavois, par l'investiture d'un gouvernement qu'il était si facile de diviser en le concédant à des ambitions rivales? Un projet de grand vasselage avait été précédemment conçu par le maréchal Clauzel; mais il y était question seulement de détacher les deux beylicks de Constantine et d'Oran, et de les confier à deux princes de la famille du bey de Tunis. Il n'en serait pas résulté immédiatement la création d'une puissance qui a bientôt saisi la domination réelle et morale de tous les musulmans de l'Algérie.

L'Émir, avec lequel on avait traité de puissance à puissance, ne pouvait tarder d'aviser aux moyens de secouer la suzeraineté qu'on lui avait imposée. L'occasion de courir aux armes sans enfreindre le Coran, qui désapprouve l'agresseur, lui fut malheureusement offerte. C'est lorsqu'on fit la partie d'aller passer les *Portes-de-Fer*, et d'illustrer cette promenade martiale en refoulant les troupes de Ben-Salem de la vallée jusqu'à *Hamza*. Un mois ne s'était pas écoulé, que nos établissements de la Metidja n'éprouvassent les ravages d'une vengeance dont les motifs avaient comblé les vœux de notre astucieux ennemi; et ce grand vassal, impatient de réaliser la prédiction de son patron de Bagdad, déclara et fit prêcher la guerre sainte que nous soutenons encore aujourd'hui; guerre qui, en moins de six ans, a coûté la vie à trente-six mille Français morts dans les hôpitaux, outre le nombre de ceux dont il est plus difficile de tenir compte sur les champs de bataille. Nous détournerons les yeux des affreuses scènes du Dhara, de l'embuscade de Ghazaouat, du récent et froid massacre de nos compatriotes prisonniers, et de l'horrible pendant de ce tableau, que nous offre la province de l'Est, ensanglantée à son tour par les Kabaïles qui ont égorgé tout un convoi de malades; échange continuel d'atrocités auxquelles ne sauraient mettre un terme ni nos escalades de montagnes, ni nos charges dans la plaine contre des hommes qui, à l'exemple de leurs ancêtres, se font un mérite de la fuite et un jeu du guet-apens; guerriers infatigables qui ont pour retranchement les abîmes du pays, pour auxiliaires, l'inclémence des saisons, pour étapes, les productions spontanées de la terre. Mais la cause qui, au-dessus de tout, exaspère ces hordes, entretient leur opiniâtreté et anime leur résistance; la cause qui leur inspire le mépris pour nos appareils, et une dédaigneuse indifférence pour tout ce qui excite l'émulation parmi nous, il faut la chercher dans leur dévouement absolu aux volontés de Dieu, qui leur sont représentées comme exigeant notre extermination. Tant qu'on négligera de suivre attentivement la ramification des sociétés qui manœuvrent ce puissant moteur, on ne pourra que se faire une fausse idée des ressources de l'ennemi, et se fourvoyer dans la direction qu'il faut prendre afin d'apaiser une fois pour toutes le soulèvement des tribus.

Depuis l'invasion arabe, l'empereur de Maroc, qui n'est pas moins chef religieux que chef politique, a conservé un grand ascendant sur les mahométans d'Afrique. Tous ont le plus grand respect pour une race qui descend incontestablement du prophète; c'est dans son empire que résident la plupart des *khalifa* des ordres religieux de l'islamisme, lesquels entretiennent des relations secrètes sur tous les points de la Barbarie. Le nom donné aux membres de ces congrégations est celui de *khouan* (frères); ces ordres diffèrent les uns des autres dans la manière de prier Dieu, mais tous sont fondés sur le pur mahométisme. Il n'y a pas de ville un peu importante en Algérie qui ne contienne au moins une mosquée de chaque ordre. M. de Neveu, capitaine d'état-major, à qui nous devons un livre fort intéressant sur ce sujet, en a compté six dans la seule province de Constantine.

Le plus remarquable est celui de *Moulei-Taïeb*, fondé par un *chourfa*, ou chérif de Maroc, et qui compte au nombre de ses khouans le souverain de cet empire. Le khalifa de l'ordre est toujours un membre de la famille impériale. Ce Mouleï-Taïeb disait à ses frères, suivant la tradition : « Vous dominerez plus tard sur tous « les pays de l'Est; tout l'outhan d'Alger vous appartien- « dra... mais il faut que les infidèles prennent ce pays « les premiers; le jour viendra où vous le reprendrez « sur eux. »

Partout où nous éprouvons le plus de résistance, il existe des familles de chérifs tenant à la famille régnante du Maroc, qui propagent dans les tribus la prédication du patron de leur ordre, afin de les porter à prendre notre établissement pour l'annonce de l'empire qu'ils ne tarderont pas à fonder sur ses ruines. Un manuscrit que M. le docteur Warnier déposa au ministère de la guerre à son retour d'une mission à Mascara, et que cite M. de Neveu, donne la preuve évidente qu'un marabout du

Maroc a fait d'une des tribus des *Trara*, petite nation kabaïle des bords de la mer, entre la Tafna et Nedroma, un centre de réunion très fréquenté par des khouans de Mouleï-Taïeb, et au moyen duquel les tribus de l'Algérie sont en communication journalière avec le Maroc, où réside Sidi-el-Hadj-el-Arbi, chef de l'ordre; ce sont ces troupes de frères, que les généraux Cavaignac et Lamoricière ont trouvées réunies sous le drapeau de l'Émir, et qui accablèrent le colonel Montagnac dans le piége de Ghazaouat.

Les réponses faites devant le conseil de guerre en novembre de l'année dernière par Mohammed-ben-Abd-Allah, émissaire qui avait pris part à toutes les insurrections, ont mis au grand jour le rôle que l'ordre de Mouleï-Taïeb a joué dans nos affaires d'Afrique. Cet émissaire dit, entre autres fiers propos : « Les Arabes vous « détestent parce que vous n'avez pas la même religion « qu'eux, parce que vous venez vous emparer de leur « pays. »

On compte environ douze cents membres de cette confrérie dans la ville et les faubourgs de Constantine.

Une autre confrérie qui ne met pas moins d'activité dans ses relations est celle de Sidi-Abd-el-Kader-el-Djelali, connue dans l'Ouest sous le nom de Mouleï-Abd-el-Kader, marabout de Bagdad, surnommé le sultan des hommes parfaits, en tout lieu vénéré et invoqué, *qui voit tout et entend tout*, le même qui fit, sur le compte du fils de Mahi-ed-Din, la prédiction que nous avons rapportée plus haut. Cet ordre est, comme tous les autres, dirigé par un khalifa (lieutenant) qui a le suprême pouvoir spirituel. Il choisit dans chaque ville des gardiens qui le représentent chacun pour la présidence d'une mosquée : il correspond avec eux, leur transmet des ordres ou des nouvelles, en reçoit des rapports sur l'administration de l'ordre et se fait raconter les événements politiques.

En dehors de ces institutions, dont l'esprit ne se compose pas moins de vues temporelles que de soins spirituels, se fait remarquer l'association de *Derkaoua*, nom que quelques-uns traduisent par celui de *rapiécés*, que les frères se seraient donné en mémoire et imitation des premiers disciples de Mahomet, qui ne portaient que des vêtements délabrés pour témoigner le mépris des richesses. Cet ordre a pour esprit essentiel l'opposition à toute puissance de ce monde et à tout ce qui ne tend point à l'accomplissement des préceptes du Coran. La doctrine de ces frères est que les hommes ne doivent s'assujettir qu'au pouvoir de l'Etre suprême, seul maître de l'univers; et les statuts portent qu'il faut détester quiconque exerce un commandement politique sur ses semblables. La direction des *Derkaoua* de l'Algérie a son siége dans la montagne de l'*Oüen-Senis*, où réside son chef supérieur ou sultan-marabout *Sidi-Abd-el-Kader-bou-Taleb*, qui en dernier lieu s'est entendu avec l'Emir pour porter les tribus de la province d'Oran à émigrer dans l'empire de Maroc. Et n'avait-il pas, pour y réussir, un infaillible moyen dans ce passage du chapitre 4 du Coran?

« Les anges demandèrent aux coupables qu'ils punirent
« de mort : de quelle religion êtes-vous? Nous étions les
« faibles habitants d'un pays idolâtre, répondirent-ils?
« *La terre n'est-elle pas étendue*, reprirent les anges? *Ne*
« *pouviez-vous pas quitter le lieu que vous habitiez?* Leur
« demeure sera l'enfer, séjour des tourments. »

N'y a-t-il pas aussi dans le 16e? « Ceux que la tyran-
« nie a fait fuir et qui ensuite ont combattu et supporté
« l'infortune avec constance, éprouveront la miséricorde
« divine?

« Nous donnerons une habitation honorable sur la « terre à ceux qui, injustement opprimés, se seront expa- « triés pour la défense de la foi. La récompense de l'autre « vie sera bien plus magnifique; s'ils le savaient ! »

Le marabout qui exerce le plus d'influence sur les Kabaïles des montagnes de Gigelli est de la confrérie de Derkaoua. C'est lui qui enrôle les soldats et les ouvriers déserteurs de nos troupes, et qui disait dernièrement aux montagnards, lorsqu'il était question d'attaquer la Kabaïlie : « Vous qui n'avez jamais supporté le joug des « Turcs, dont la religion est pareille à la vôtre, pourriez- « vous obéir à une race infidèle ?

« Il suffit que sur un point, dit M. de Neveu, il se ma- « nifeste quelque genre de mécontentement pour qu'aus- « sitôt un Derkaoui surgisse, exploitant à son profit « l'irritation naissante. Il dénature les actes du pouvoir, « en altère le sens, en grossit l'importance, envenime les « griefs, harangue des assemblées; puis quand l'effer- « vescence et l'exhaltation sont au comble, il appelle « aux armes. »

Ce qui paraîtra surprenant après le simple aperçu de cette sourde correspondance, ce n'est plus l'insurrection des tribus au moindre signal, ni l'inconstance ou la défection de celles qui nous promettaient fidélité, ni enfin l'obstination invincible de celles qu'on n'a jamais soumises; ce qui surprendra réellement, c'est que l'on ait pu songer à introduire une population européenne régie par nos formes d'administration au milieu de trois à quatre millions d'hommes qui croient nous juger encore avec indulgence lorsqu'ils ne nous accusent que de polythéisme. Ce qui ne causera pas moins de surprise, c'est que, avec la connaissance du motif religieux qui est l'âme des machinations que l'on nous monte dans la persuasion de faire autant d'œuvres pies, l'on ne se soit pas avisé de citer au tribunal de la raison la doctrine dont on se fait une arme contre nous, et que l'on ait manqué de politique au point de négliger la manifestation de ce que cette doctrine a de commun avec notre morale, qui en est visiblement la source. Ne devait-on pas, en renvoyant à d'autres temps le soin d'appeler dans le champ-clos de la controverse tout ce qui en est susceptible, porter au moins un noble défi aux zélés musulmans de bonne foi, et se piquer avec eux d'un concours de vertus pratiques? Pourrait-on craindre de les irriter davantage en paraissant fortement attaché à une croyance différente de la leur? Certes, rien ne saurait être ajouté à l'antipathie qu'on a soin de leur inspirer. Tout nous fait croire, au contraire, que l'importance qu'ils verraient attacher à l'explication de nos principes, les porterait à rabattre considérablement des préventions funestes dont ils sont imbus par les meneurs ambitieux, qui leur persuadent que nous sommes des hommes sans croyances, accusation la plus ignominieuse chez les mahométans. Ayons l'intelligence pour le comprendre et la franchise de le dire; si rien n'est changé au système suivi pour la transformation de l'Afrique algérienne en départements, ou seulement pour une compression durable sous la force des armes, il y a tout lieu de craindre que nos vues soient chimériques et nos sacrifices toujours plus déplorables. Notre carrière a été l'école où nous avons appris ce que valent des guerriers qui n'ont pas dégénéré de nos vieilles cohortes. La bravoure française nous inspire une confiance à toute épreuve; mais nous croyons fermement qu'on la mettrait à la plus rude qu'il fût possible d'imaginer, si une fois engagée dans une lutte de frontière, il lui fallait maintenir sous le joug, à travers un élément disputé, les populations irritées auxquelles des voisins de la même religion donneraient la main, et qui trouveraient d'immanquables ressources chez nos ennemis. Nous ne verrions, pour effectuer ce qu'on appelle la civilisation de ces contrées dans l'espace de temps sur lequel il est raisonnablement permis de compter, nous ne verrions, disons-nous, que le prompt affermissement de la possession, ce que l'on ne se permet guère d'espérer, ou le prompt repeuplement, après extermination des naturels du pays, dernier expédient beaucoup plus assortissant au siècle d'Attila qu'à celui dans lequel il nous est donné de vivre. Nous conjurons tous les bons esprits, tous les hommes que l'intérêt privé n'aveugle point, d'examiner s'il n'y a pas une autre manière de chercher à ne faire qu'un avec les Arabes, à les métamorphoser en sujets français, qu'en blessant malgré nous leur religion, leurs mœurs et leurs préjugés. Ils sont surtout jaloux de leur liberté ; mais cette liberté n'est pas celle que nous entendons en Europe. La liberté que demande l'Arabe, dit M. Dureau de la Malle, et notre expérience nous l'a confirmé, « c'est une liberté « d'action, une exemption de cette foule de lois et de « règlements qui, à tous les instants et dans tous les lieux, « règlent les mouvements de chaque membre des socié- « tés européennes ; une liberté, en un mot, qui ne con- « naisse d'autre restriction que l'observation de la paix, « le respect de la propriété et le paiement d'un tribut. « Le temps », dit de plus le savant académicien qui fait dépendre de cette vérité le sort futur de nos établissements en Afrique ; « le temps est un élément indispen- « sable pour opérer la fusion des peuples, des opinions, « des mœurs et des usages. » M. le docteur Hutier, chirurgien en chef de l'hôpital royal des Invalides, qui a passé plus de douze ans dans le pays d'Alger, et à qui la *Revue Algérienne* doit une lettre fort intéressante sur le soin de la santé des enfants, a fort judicieusement observé qu'*en fait de colonie il faut compter par semaines d'années et non par semaines de jours*. Ces remarques sont d'une parfaite justesse, mais nous est-il donné l'assurance que le cours de ce temps n'entraînera pas de quoi déconcerter les mesures de la prudence?

Nous croyons qu'il est urgent de prendre un parti, et que c'est en pure perte que nous faisons tendre nos efforts à fonder, sur toute l'étendue de l'ancienne Régence, une société civile, gouvernée civilement, à notre manière, au milieu et en dépit des tribus qui l'occupent. Nous ne verrions dans cette persévérance qu'une fatale résolution, dont on ne pourrait que se repentir après d'énormes sacrifices. Ne vaudrait-il pas mieux chercher à retirer de la conquête tous les avantages qui résulteraient d'une position modifiée par des concessions, mais tranquille et durable, sans retenir la France dans une entreprise indéfinie, où vont s'engouffrer ses forces et ses finances?

Cette possession solide serait, à notre avis, la suite d'une modération de vues qui concilierait tous les intérêts. Qu'est-ce qui empêcherait, lorsqu'on aurait eu raison de tous les soulèvements, et qu'une éclatante manifestation de notre puissance aurait été constatée, de reconnaître aux tribus de l'Algérie le droit de se gouverner elles-mêmes, sous la protection de ceux qui les ont délivrées de l'oppression des janissaires, et qui prendraient l'engagement de ne plus les laisser retomber sous le joug? Les conditions de ce grand acte consisteraient dans les réserves des villes sur la côte et de trois ou quatre dans l'intérieur, à chacune desquelles se joindrait un cercle ou district territorial, aussi bien limité qu'il serait possible. On lierait ces divers points par des stations intermédiaires, combinées avec le service des *nav-vapeurs* (1), de manière à ce que toute importation ou exportation se trouvât sous la surveillance de l'autorité française. Notre régime et nos Codes seraient la seule législation en vigueur dans ces cercles réservés. Tout le reste du pays, laissé en possession de ses lois et coutumes, serait déclaré libre, affranchi de contribution extérieure, divisé en trois parties aussi égales et bien limitées qu'il se pourrait, et le gouvernement de chacune serait déféré à un chef élu pour toute sa vie par les tribus, sous la médiation et l'investiture de la France. A la mort ou à l'abdication de ces chefs, la souveraineté passerait à un autre, toujours par voie d'élection nationale.

Le sultan feudataire, investi du pouvoir pour toute la durée de sa vie, et qui aurait à remplir la condition essentielle de maintenir la liberté d'enseignement et des cultes, ne pourrait être privé de sa dignité qu'après que les motifs de la révocation auraient été jugés suffisants par une haute Cour spéciale.

Les particuliers de chacune des deux nations auraient leurs intérêts défendus sur le territoire de l'autre par un agent national, ayant une autorité suffisante, analogue aux fonctions de chancellerie exercées par les consuls des diverses puissances dans les échelles du Levant.

Ainsi aurait été entièrement et dignement accompli le dessein de l'expédition de 1830, savoir : la juste réparation de l'outrage fait à la France, l'expulsion des oppresseurs du pays, l'extirpation de la piraterie, la préservation de son retour au moyen des établissements littoraux, que l'on ne saurait nous disputer raisonnablement et qui, par le droit de domaine dont ils nous mettraient à portée

(1) Nous hasardons ce mot, qui nous paraît nécessaire.

de nous prévaloir sur le rivage, garantiraient désormais les navigateurs de toute nation, du pillage qu'ils avaient à redouter dans le malheur d'un échouement. D'ailleurs, en affranchissant certains ports, la France pourrait faire un appel au commerce général et se donner d'utiles coopérateurs, pour changer la face de l'Afrique dans un intérêt *humanitaire*.

Pour premier avantage à résulter de notre détermination généreuse et pacifique, il faut compter la moitié de nos forces d'infanterie qui n'iraient plus s'épuiser dans ces âpres montagnes, d'où l'on a autant de peine à se retirer, qu'on en a pu prendre pour y pénétrer. On la remplacerait en partie par une augmentation de la cavalerie, qu'il faudrait toujours poster le plus convenablement pour agir avec plus de rapidité sur les points de communication, et pour se combiner, au besoin, avec les troupes du sultan voisin.

Pour obtenir de cette arme tout l'avantage qu'elle peut devoir à la nature et aux usages du pays, il conviendrait d'établir des haras partout où leur situation promettrait les résultats désirables, et de favoriser de certains avantages les officiers qui s'y appliqueraient à l'étude assidue de la langue arabe. Des cours publics d'art vétérinaire, faits en cette langue ainsi qu'en français, seraient surtout fort utiles dans nos villes de l'intérieur, où l'on accorderait des primes aux cavaliers indigènes qui feraient arriver des chevaux dans les marchés français.

Il conviendrait aussi de proposer des encouragements pécuniaires pour les hommes du pays qui se distingueraient par leurs progrès dans la langue française, en fréquentant les écoles fondées pour cet effet ainsi que pour la propagation des connaissances les plus nécessaires.

D'un autre côté, des associations diverses, unissant le

caractère religieux avec l'exercice de toutes les branches de l'agriculture et de la médecine, seraient des établissements du meilleur effet dans les cercles français de l'intérieur.

L'art de guérir, joint à la charité qui inspire des soins pour le malade, serait propre à gagner les cœurs de nos voisins. Il faudrait donc, dans cette vue, appeler et doter des corps hospitaliers chargés d'accueillir les indigènes atteints de maladie, et faire dépendre, en quelque sorte, l'avancement des jeunes officiers de santé militaires, de l'aptitude à converser avec les Arabes.

Nous croyons avoir acquis la conviction qu'il n'y aurait pas d'autre manière de vivre en paix avec ceux qui attendaient de nous leur délivrance; avec des hommes dont il est impossible que nous parvenions à nous concilier l'amitié, tant que nous choquerons leurs idées religieuses, essentiellement liées avec celles qui leur sont inculquées sur le principe de l'autorité temporelle, du droit public, du droit civil et du régime de la famille. Le trône et le pouvoir religieux sont inséparables sous la loi de Mahomet. On a vu les mahométans vivre de bon accord avec les chrétiens; mais il est inouï qu'ils se soient jamais soumis, du moins sincèrement, au gouvernement de ceux-ci. Le roi Roger leur enleva la Sicile, mais il ne put y retenir que le savant émir Edricy persécuté par les siens. Des Siciliens, sous ce prince, s'emparèrent de Tripoli, de Tunis et de plusieurs villes de l'intérieur de la Barbarie; mais sous le règne suivant, les Arabes reprirent toutes ces conquêtes, où ils laissèrent résider un grand nombre de chrétiens. L'empereur Frédéric II soumit à un tribut les Arabes de Tunis, qui s'en affranchirent lorsqu'il mourut. Un traité conclu dans le treizième siècle assura aux chrétiens, dans le nord de l'Afrique, le droit d'y posséder des maisons, des cimetières et des églises. Leurs consuls y exerçaient même une juridiction ; et tandis que les croisades avaient porté la guerre en Orient, des prêtres chrétiens exerçaient paisiblement leur ministère dans les royaumes de Barbarie.

L'exemple de cette tolérance avait été donné par Mahomet lui-même, dans ses relations avec l'Arabe Yoannak. Ce prince d'Ailah, chrétien de religion, s'étant rendu à Rabak pour saluer Mahomet et lui demander la paix, refusa d'embrasser l'islamisme, ce qui n'empêcha point le prophète de lui accorder sa demande moyennant un tribut annuel. Avant de le congédier, le conquérant des Arabes lui remit un diplôme dans lequel on lisait ces paroles : « Au nom de Dieu clément et miséricordieux, « que ce diplôme serve de sauve-garde à Yoannak, notre « ami, et aux habitants d'Ailah, nos confédérés : leurs « navires, leurs caravanes, pourront parcourir la mer « et la terre sous la protection de Dieu et de son prophète. » Ne se bornant point à cette faveur, Mahomet fit don à Yoannak du manteau qu'il portait ce jour-là, ce qui est encore aujourd'hui pratiqué dans l'honneur très recherché dont, en Orient, les inférieurs sont gratifiés par leurs supérieurs, en recevant un *kafthan*, qui est une espèce de veste. Ce manteau de Mahomet, après avoir été conservé à Ailah, puis à Médine, fut transporté à Constantinople, où il est encore le palladium de l'empire ottoman. De leur côté, les princes croisés accordaient protection et sûreté aux musulmans de Tunis qui venaient dans leurs Etats. Enfin, tout le moyen âge nous offre des exemples de la bonne harmonie qui régnait entre les chrétiens et les Arabes. Mais tout se passait entre eux de nation à nation, et en vertu de traités conclus dans des vues de relations commerciales : aucune des deux parties n'avait prétendu assujettir l'autre par droit de conquête.

Dans les séances des 8 et 10 juin dernier, de la Chambre des Députés, où il était question de l'Algérie, on a cité les Hollandais de Java comme s'accordant fort bien avec les indigènes, qui sont mahometans. Le fait n'est guère à contester, mais l'exemple vient précisément à l'appui de notre manière de voir. Les Hollandais se maintiennent sur la côte du Nord par les forts qu'ils y ont bâtis. La côte méridionale et l'intérieur de l'île sont gouvernés par plusieurs rois indépendants ; et ce n'est qu'au moyen des alliances et d'une sorte de médiation continuelle, ou de protection exercée parmi ces princes, que la Hollande peut se dire en possession du pays. Il y a d'ailleurs, dans cet exemple, une particularité qui ne permet pas son entière application. C'est que les naturels de Java, beaucoup moins que ceux de l'Algérie, seraient à portée d'avoir des alliés et d'unir leurs forces avec celles des ennemis de la Hollande, si celle-ci entreprenait de subjuguer toute l'île. Il n'y a pas aux environs de Batavia un bey dépossédé, ayant quelques motifs plausibles de répondre à l'émir qui l'excite à prendre les armes : « Je vis tranquille chez les Kabaïles avec ce qui me reste de mes « trésors et ce que me donnent les tribus. Je t'engage à « faire de même *en attendant des temps meilleurs.* »

Dans la discussion dont nous venons de parler, n'a-t-on pas aussi entendu des voix officielles dire à l'assemblée des députés ; « prétendre que les insurrections ne se re« nouvelleront pas, croire que nous n'avons plus qu'à « nous reposer de nos peines, ce serait s'abuser, sans doute. « On ne subjugue pas en un jour un peuple belliqueux, « fanatique, qui est séparé de nous, par ses goûts, ses ha« bitudes, ses mœurs et ses croyances ? Je ne dis pas que « la prise d'armes qui a agité l'Algérie sera la dernière ; « mais plus nous irons, plus les *chances de paix et d'or« dre* seront nombreuses. »

Un député a dit sur la même question : « Après avoir fait « la guerre, il reste une grande mission à remplir, celle « d'attacher les vainqueurs au sol et au nouvel établisse- « ment. Partout les races opprimées ont été un immense « embarras pour les conquérants. »

Rien de plus vrai, pourrait-on dire à l'orateur; mais pour effectuer de telles intentions, il en faut tout le loisir. Le ministre, pressé de plusieurs questions sur *la colonisation, les droits des colons, l'incorporation de l'Algérie à la France, sa division en départements*, etc., a répondu : « Le gouvernement croit qu'avant de résoudre ces ques- « tions, il faudra encore beaucoup d'efforts et beaucoup « de temps. »

Eh ! qu'il nous soit permis de le répéter ; qui est-ce qui dispose de ce fonds commun, où tous les événements se déroulent et trompent si souvent les espérances ? Pourquoi ne le prendraient-ils pas aussi pour eux, ceux qui sont à l'affût de la moindre chance d'être appuyés contre un pouvoir politique dont la base ne tient pas aux doctrines du Coran ? Et la foi mahométane est encore plus enracinée chez les Maures et chez les Arabes que chez les Turcs ; car avec toute la haine qu'ils portent à ceux-ci, leur respect pour le sultan de Constantinople n'en était pas moins grand, parce qu'ils voyaient, dans sa suzeraineté sur les Etats barbaresques, une incontestable prérogative du droit religieux.

Aucun croyant, prince ou sujet, ne peut reconnaître aux chrétiens le droit de gouverner des populations musulmanes, et la guerre que l'on nous fait en Algérie est encore plus religieuse que nationale. Quand M. le rapporteur de la commission chargée d'examiner la demande des finances a dit à la Chambre des Députés : « Nous pouvons gouverner les tribus, car elles nous « paient l'impôt ; elles réclament notre justice et elles

« combattent avec nous. Nous pouvons les administrer « et les gouverner ; » assurément, l'orateur n'avait pas présent à l'esprit ce passage du troisième chapitre du Coran : *Ne prenez point pour protecteurs les infidèles, à moins que vous n'y soyez forcés par la crainte.*

Remarquez bien qu'il ne faut pas ici une nécessité constatée en forme, mais qu'il suffit d'un sentiment dont la conscience de l'individu peut rendre un suffisant témoignage ; ce qui est fort commode pour les poltrons et les traîtres. Qu'après cela, nos administrateurs leur bâtissent des mosquées ou les leur embellissent ; qu'ils fassent distribuer des moutons aux pauvres pour la célébration de la fête de l'Aid-el-Kabir. Vainement, essaierait-on de suivre le conseil de ce *taleb* de l'empereur de Maroc, qui disait à M. le général comte de La Rue : « Vous feriez bien plus sur les Arabes avec des médecins « et des marabouts (1), qu'avec des canons et des fusils. » Tous ces moyens, avec la réserve de souveraineté chez ceux qui les emploient, ne font que rendre hypocrisie pour hypocrisie. Le mieux, nous le disons encore, serait d'établir la démarcation territoriale qui laisserait voir d'un côté l'entière liberté des tribus, et de l'autre, ce que nous appelons la civilisation ; celle-ci pénétrerait de proche en proche dans l'intérieur, autant qu'il pourrait convenir à ceux que nous prétendons réformer, gens moins barbares qu'on ne pense, et qu'il ne faut pas sérieusement comparer aux sauvages de la Nouvelle Zélande (2), ni à aucune autre de ces hordes vagabondes disséminées sur des bords lointains que l'on veut coloniser, mais une

---

(1) Les *marabouts* sont des hommes en dehors de la hiérarchie sacerdotale et qui se distinguent par leurs vertus et leurs bonnes œuvres. Ils exercent sur les fidèles un empire absolu

(2) Séance du 10 juin 1846.

contrée qui touche par la Méditerranée à plusieurs Etats de l'Europe, demande l'emploi d'autres moyens pour se tirer avec avantage de la grande et noble entreprise qui fait le sujet de nos réflexions.

Après avoir extrait du livre sacré des mahométans les passages cités plus haut, pour faire voir combien on en abuse contre nous, en confondant les chrétiens avec les infidèles de la Mecque, dont Mahomet voulait dompter l'obstination à encenser les idoles, et auxquels seuls il faut appliquer ces passages, il est convenable que nous rapportions ici, avec une courte notice de la vie de ce fameux personnage, les doctrines morales qu'il a parsemées dans son livre. Ce petit résumé de notions généralement négligées surprendra peut-être ceux qui se sont fait une étrange idée de la religion arabique, en ne la jugeant que d'après la réputation de férocité ou de grossière sensualité que les Sarrazins et les Turcs se sont acquise dans leurs invasions en Europe. En cela, nous croyons faire quelque chose pour les personnes qui ont des relations avec l'Afrique, puisqu'elles ne peuvent manquer d'en tirer des conclusions profitables, ne fût-ce que celle de reconnaître que des hommes pénétrés de respect à l'égard des préceptes qu'on va lire, ont quelque droit à ne pas trouver juste qu'on les regarde comme un peuple barbare.

La doctrine que Mahomet a prêchée peut se diviser en deux parties bien distinctes ; l'une comprenant les contes merveilleux, descriptions fantastiques et autres prestiges dont il devait avoir reconnu la nécessité pour dominer l'imagination des peuples de l'Arabie, et l'autre composée d'avis, de leçons, de conseils, de commandements qui tendent visiblement à la réformation de leurs mœurs. C'est cette seconde partie, dégagée des actes sensibles du culte, c'est cette morale digne d'attention que nous pouvons revendiquer à bon droit comme puisée dans les livres des deux Testaments. Il n'est personne de quelque instruction qui ne soit frappé de cet emprunt et qui ne puisse regretter qu'un législateur si bien intentionné, sous ce rapport, ait entrepris le sabre à la main, de se faire passer pour un prophète, pour un missionnaire du ciel, plus de six cents ans après la publication de la pure doctrine qui a couronné tous les faits historiques dont il s'appuie lui-même.

On serait pourtant injuste de ne pas convenir des bons effets que la morale de l'islamisme a produits sur les Orientaux.

Mahomet ou Mohammed (nom qui signifie *couvert de gloire*), naquit vers la fin du sixième siècle de l'ère chrétienne. Son père, Abdallah, était de la tribu des Koraischites, qui se disaient descendants de Koreisch, le plus illustre des douze fils d'Ismaël, tribu dans laquelle on avait coutume de prendre les prêtres du temple de la Mecque (la Kaaba), consacré d'abord à un seul Dieu, mais où l'égarement des Arabes avait permis l'introduction de trois cents idoles. On rapporte que la mère de Mahomet, ne pouvant allaiter son enfant, eût beaucoup de peine à trouver une nourrice à cause de sa pauvreté. Devenu orphelin, dans sa cinquième année, cet enfant fut reçu chez son oncle Abou-taleb, chérif ou préfet du temple de la Mecque. Il sortit de cet asile à l'âge de quatorze ans pour servir dans une caravane marchande et guerrière qui prenait la route de Syrie. Après s'y être signalé en plusieurs rencontres, le jeune Mahomet reçut l'hospitalité dans un couvent chrétien de

Bosra ; c'est là qu'un moine nestorien nommé *Félix*, fils d'Abd-al-Salibi, surnommé Bohaïra ou Bahïra, lui donna les premières notions sur l'*unité de Dieu*, concevant de son élève une assez haute opinion pour lui prédire les plus brillantes destinées. De retour à la Mecque, Mahomet mérita l'affection générale par ses bonnes qualités et par son horreur pour le vice : on lui donna le surnom d'*Elamin*, qui veut dire, *fidèle ou l'homme sûr de lui-même*. Une noble et riche veuve, nommée Kadichah ou Cadige, le rechercha en mariage.

Les loisirs de son nouvel état lui permirent de suivre le projet qu'il avait conçu de faire revivre chez les Arabes la seule, la véritable et antique religion professée par tous les prophètes, et principalement par Adam, par Noé, par Abraham, Ismaël, Moïse, Jean et Jésus. Il donna à sa doctrine le nom d'*islamisme*, c'est-à-dire, *consécration à Dieu*. Mahomet était alors parvenu à l'âge de quarante ans. Il passait son temps à méditer dans les solitudes du mont Herat ou Ara, et allait chaque année en retraite dans une caverne du mont *Tour*. Il visitait de temps en temps, entre autres chrétiens, un nommé Caïn et un esclave qui travaillait dans la librairie, lequel s'appelait Aïch. Lorsqu'il passait devant la maison de Haber et d'Infer, deux autres esclaves de la Mecque exerçant le métier d'armurier, il entrait et se faisait lire par eux le Pentateuque et l'Evangile. Il assura que ce qu'il annonçait lui était dicté par l'ange Gabriel (l'*esprit de sainteté*), et, voulant faire passer son livre pour divin, il commença par protester qu'il ne savait ni lire ni écrire. Cela ne s'accorde guère avec l'aversion qu'il montrait pour ce que les Arabes appellent *Ijaheliat*, c'est-à-dire, l'ignorance. En entendant une fois quelqu'un qui se plaignait d'avoir donné asile depuis deux jours à un savant qui ne songeait pas encore à quitter la maison, Mahomet s'écria indigné : « Les montagnes par leur écho font « connaître le plaisir que leur cause une voix mélo-« dieuse ; les roses et les jasmins s'ouvrent au chant des « oiseaux ; les chameaux eux-mêmes se réjouissent des « chansons de leurs conducteurs. Il faut absolument être « plus dur qu'une pierre et plus stupide qu'une bête « pour être insensible à la conversation d'un homme qui « a du savoir. » Il disait souvent : « L'ignorance est une « mauvaise monture qui rend ridicule et méprisable « tant celui qui est dessus, que celui qui la con-« duit. »

Les diverses parties du Coran ne parurent que dans les occurrences où son auteur trouvait à propos de les publier, et dans l'espace de vingt-trois ans. Ce livre n'est pas uniquement un recueil de dogmes et de préceptes religieux ; il est en même temps le Code civil, criminel, politique et militaire des mahométans, qui rejettent et maudissent tout ce qui lui est contraire : on n'y touche jamais sans être dans un état de pureté légale, sans le baiser et le porter au front en signe de respect. Il contient en plusieurs endroits de son texte un témoignage de sa propre valeur. On lit dans le chapitre 12ᵉ : « Ce « livre n'est point une fable inventée à plaisir ; il con-« firme ceux qui l'ont précédé ; il explique clairement « toute chose ; il est la lumière et la grâce des croyants. »

Dans le 16ᵉ chapitre, ces paroles sont adressées à Mahomet : « Tous les prophètes qui t'ont précédé n'étaient « que des hommes à qui nous révélâmes nos volontés.... « des signes et des livres furent les marques de leur mis-« sion. Nous t'avons envoyé le Coran pour rappeler aux « hommes la doctrine qu'ils ont reçue, afin qu'ils en gar-« dent le souvenir. »

On lit dans le chapitre suivant : « Dis : Quand l'enfer « s'unirait avec la terre pour produire un ouvrage sem-

« blable au Coran, leurs efforts seraient vains. Nous y « avons donné des instructions à l'homme sur tous ses « devoirs, mais opiniâtre dans son incrédulité, il rejette « la lumière. »

Mahomet se fait déclarer aussi que Dieu accorde à qui il lui plaît le don des miracles, mais que lui n'est chargé de convertir que par la persuasion.

« Emploie la voix de la sagesse et la force de la per-« suasion pour appeler les hommes à Dieu. Combats-les « avec le charme de l'éloquence. »

« Quelque signe divin distingue-t-il le prophète? de-« mandent les incrédules. Tu n'es chargé que de la pré-« dication. »

Les chefs des koreischites s'alarmèrent des progrès de la nouvelle religion, et Mahomet, condamné à mort, fut chercher un refuge à Médine. Il leva des troupes, remporta des victoires, prit la ville de la Mecque, et ne tarda pas à se rendre maître de toute l'Arabie. De là est parti, sans doute, l'esprit d'envahissement qui donna l'élan aux sectateurs de Mahomet, et qui les anime encore contre les autres nations, qu'ils croient maudites par le Ciel à cause d'une infidélité qu'on leur représente comme semblable à celle des idolâtres, persécuteurs du prophète.

Deux ans après ce triomphe, Mahomet trouva la mort dans l'essai que voulut faire une femme, pour reconnaître si les divines prérogatives du conquérant l'avaient mis à l'épreuve du poison. La croyance assez générale que son tombeau est suspendu dans la *Kaaba* de la Mecque n'est qu'une erreur. C'est dans la principale mosquée de Médine que reposent les cendres de Mahomet.

Lorsque les habitants les plus distingués de cette ville étaient venus lui jurer fidélité, il leur ordonna de choisir douze d'entre eux pour veiller sur le peuple. « Je vous « établis, leur dit-il, les répondants du peuple, avec la

« même puissance qu'eurent les disciples de Jésus. »

Ce que Mahomet a écrit sur l'histoire est un tissu de fables se rapportant à ses vues et à son système de religion. Le charme du style et le ton solennel de ces publications les font passer, aux yeux des mahométans, pour des vérités incontestables. Son récit de la création du premier homme en donne une idée. « Lorsque Dieu eut « créé l'homme du limon de la terre et l'eut animé de « son souffle, il ordonna à ses anges de se prosterner pour « l'adorer. Eblis (1) refusa seul d'obéir : Dieu le chassa du « Paradis. — Puisque tu m'as fait tomber, dit l'esprit « rebelle, je rendrai le mal agréable aux hommes, et je « les séduirai tous. Tes serviteurs sincères seront seuls « épargnés. »

Mais ce qu'il dit de la déchéance humaine est assez d'accord avec la Genèse. C'est Dieu même qui parle dans un passage du chapitre 2 du Coran. « Nous dîmes à « Adam : Habite le Paradis avec ton épouse ; munis-toi « des fruits qui y croissent ; étends tes désirs de toutes « parts ; mais ne t'approche pas de cet arbre, de peur « que tu ne deviennes coupable. Le diable les rendit « prévaricateurs, et leur fit perdre l'état où ils vivaient. » « Nous dîmes : Sortez tous du Paradis ; je vous ensei- « gnerai la voie du salut. »

Aux emprunts plus ou moins manifestes qui ont été faits à l'Ancien Testament, Mahomet, et ensuite les commentateurs de sa biographie et de sa doctine, ont adapté des narrations merveilleuses, qui ne pouvaient manquer d'avoir leur effet sur des intelligences telles que celles

(1) *Eblis*, d'où l'on dit qu'est venu le mot *diable*, est, dans le système de Mahomet, le chef des génies, qui tiennent le milieu entre les anges et les hommes.

qu'ils voulaient persuader. Quelques traits en feront juger.

« La seconde fois que Mahomet parla, peu après être « venu au monde, les démons, les mauvais génies, les « esprits des ténèbres qui habitaient les étoiles, les pla- « nètes et les signes du zodiaque, en furent précipités « dans les abîmes éternels. »

Le récit que fait le prétendu prophète de son prodigieux voyage nocturne, sur le cheval que lui amena l'ange Gabriel, porte qu'il rencontra, à l'entrée du temple de Jérusalem, Abraham, Moïse et Jésus, et qu'il fit la prière avec eux.

Un célèbre auteur arabe dit que lorsque la formule de la prière des musulmans fut envoyée du ciel, les nuages s'enfuirent du côté de l'orient, les vents s'apaisèrent, la mer fut émue, les animaux dressèrent leurs oreilles pour entendre, les démons furent précipités des sphères célestes, etc.

Lorsque le Coran, qui était écrit sur la table gardée au septième ciel, fut envoyé à Mahomet, Gabriel fut chargé du message. Des anges furent placés devant et derrière, pour empêcher les démons de porter atteinte à sa pureté.

Le jour du jugement, Asraphel se tiendra debout, sur une montagne qui est près de Jérusalem. Il portera une trompette qui s'étendra depuis Jérusalem jusqu'au mont Sinaï.

Qui ne serait surpris, après de semblables narrations, de voir qu'elles sont appliquées au sublime témoignage que Mahomet rend à l'unité de Dieu, en renversant le culte de toute créature, pour établir celui d'un être éternel et infini, sans demeure, sans ressemblance, sans commencement, sans fin, présent à nos plus secrètes pensées, existant par le fait de sa propre nature, et tirant de lui-même toute perfection morale et intellectuelle ?

« La création des cieux et de la terre, la succession de « la nuit et du jour, le vaisseau qui fend les flots pour « l'utilité des humains, la pluie qui descend des nuages « et rend la vie à la terre inféconde, les animaux qui « couvrent sa surface, la vicissitude des vents et des « nuages balancés entre le ciel et la terre, sont, aux yeux « de ceux qui ont la science, des marques de la puis- « sance du Très-Haut. » (Coran, chap. 2.)

« Tout est pesé devant lui ; tous les secrets sont dévoi- « lés à ses yeux. Il est le grand, le Très-Haut. Celui qui « parle dans le secret, celui qui parle en public, celui « qui s'enveloppe des ombres de la nuit et celui qui pa- « raît au grand jour, lui sont également connus.....

« Tout ce qui est dans les cieux et sur la terre rend à « l'Éternel un hommage volontaire ou forcé ; l'ombre « du soir et du matin l'adore. » (Chap. 13.)

« C'est Dieu qui a fait le jour et la nuit. Il a formé le « soleil et la lune, qui roulent rapidement dans le cercle « que sa main leur a tracé. » (Chap. 21.)

« Dieu a établi la nuit pour reposer et le jour pour « agir. — Il a affermi la terre sous vos pas, le firma- « ment sur vos têtes. » (Chap. 40.)

« Dieu n'a créé les génies et les hommes que pour l'a- « dorer. » (Chap. 51.)

« C'est Dieu qui vous a donné l'ouïe, la vue et un cœur « pour sentir. Combien peu reconnaissent ses bienfaits ! « Il vous a mis sur la terre ; il vous rassemblera devant « son tribunal ; c'est lui qui fait vivre et mourir.... ne « le comprenez-vous pas ? » (Chap. 23.)

« Les cieux et la terre leur offrent des merveilles sans « nombre ; ils passent et ne veulent pas ouvrir les yeux. « La plupart ne croient point en Dieu sans mêler à son « culte celui des idoles. » (Chap. 12.)

« Il gouverne l'univers, il vous offre des merveilles sans « nombre, afin que vous croyiez à la résurrection.... il « fait succéder le jour à la nuit; ces prodiges sont des « signes pour ceux qui pensent... ainsi nous donnons des « marques de notre puissance à ceux qui comprennent. » (Chap. 13.)

« Ne voyez-vous pas que les cieux et la terre s'unis- « sent pour publier les louanges de l'Éternel? N'avez- « vous pas vu comme il agite légèrement les nuages, « comme il les pousse dans les airs, les rassemble, les en- « tasse? » (Chap. 24.)

« Si les flots de la mer se coloraient en noir, pour « décrire les louanges du Seigneur, ils seraient épuisés « avant d'avoir célébré ses merveilles. » (Chap. 18.)

« Quand tous les arbres seraient des plumes, quand « sept océans réunis couleraient des flots d'encre, ils ne « suffiraient pas pour décrire les merveilles du Très- « Haut. » (Chap. 31.)

« Dieu vous fait naître faibles, ensuite il vous donne « la force que suit la vieillesse couronnée de cheveux « blancs; il crée ce qu'il veut; la science et la puissance « sont ses attributs. » (Chap. 30.)

« Le Tout-Puissant donne les diadèmes à son gré, « parce qu'il possède la science et que rien ne borne son « immensité. Toute puissance appartient à Dieu, et il « est terrible dans ses vengeances. » (Chap. 2.)

« Louange à Dieu, architecte des cieux et de la terre; « les anges sont ses messagers. Celui qui cherche la vraie « grandeur la trouve en Dieu. » (Chap. 35.)

Voici ce qu'enseigne Mahomet sur la résurrection et sur le jugement dernier.

« Dieu a créé l'homme, il le ressuscitera et le fera pa- « raître devant son tribunal. »

« Les hommes créés de boue, et leur dispersion sur la

« terre, sont l'ouvrage de ses mains, et attestent sa puis-
« sance; les cieux et la terre forment son domaine. L'u-
« nivers lui obéit. » (Chap. 30.)

« Lorsque les cieux se briseront, que les étoiles seront « dispersées, que les mers confondront leurs eaux, et « que les sépulcres seront renversés, l'âme verra le ta- « bleau de toute sa vie. » (Chap. 82.)

« Un jour, l'homme aura sous les yeux le spectacle de « ses œuvres bonnes et mauvaises, et désirera qu'un in- « tervalle immense le sépare du mal qu'il aura fait. » (Chap. 3.)

« Un jour, chacun plaidera sa cause, et recevra le « prix de ses œuvres. Personne ne sera traité injuste- « ment. » (Chap. 16.)

« Dieu connaît les impies; il tient en ses mains les « clés de l'avenir; lui seul le connaît; il sait ce qui est « sur la terre et au fond des mers; il ne tombe pas une « feuille qu'il n'en ait connaissance. La terre ne renferme « pas un grain qui ne soit écrit dans le livre de l'évi- « dence; vous lui devez le sommeil de la nuit et le ré- « veil du matin; il sait ce que vous faites pendant le « jour; il vous laisse accomplir la carrière de la vie; vous « reparaîtrez devant lui, et il vous montrera vos œuvres. » (Chap. 6.)

« L'heure viendra, on ne peut en douter; Dieu rani- « mera les cendres qui sont dans les tombeaux. » (Chap. 22.)

« Se peut-il, disent les incrédules, qu'après que nous « serons devenus os et poussière, nous soyons ranimés « de nouveau? — Dis-leur : Fussiez-vous pierre, fer, « ou ce qu'il vous plaira, vous ressusciterez. Qui nous « fera retourner à la vie? — Celui qui vous a créés la « première fois. » (Chap. 17.)

« L'homme croit-il que nous ne réunirons pas ses os?

« Nous opérerons cette merveille ; nous rejoindrons les « phalanges de ses doigts. »

« Le front des justes sera rayonnant de gloire ; leurs « regards seront tournés vers le Seigneur. »

« Le visage des méchants sera couvert des ombres de « la tristesse. » (Chap. 75.)

« Lorsque la trompette sonnera, tous les liens du sang « seront brisés ; on ne s'interrogera plus ; ceux dont la « balance penchera jouiront de la félicité ; ceux pour qui « elle sera légère, auront trahi leur âme et demeureront « éternellement dans l'enfer. Le feu dévorera leur visage, « et leurs lèvres se retireront. » (Chap. 23.)

« Saisissez, liez l'impie ; jetez-le dans les feux du Tar-« tare ; qu'il soit chargé d'une chaîne de soixante-dix « coudées ; il n'a pas cru au Dieu grand. »

« Il ne s'est point inquiété de la nourriture du pauvre. « Il ne trouvera pas ici d'amis. La corruption sera son « prix. Les pervers n'en auront point d'autre. (Chap. 69.)

« As-tu remarqué l'incrédule qui nie le jugement ?

« C'est lui qui dévore les biens de l'orphelin ; il ne « songe point à nourrir le pauvre. (Chap. 107.)

« Ceux qui dévorent l'héritage de l'orphelin, se nour-« rissent d'un feu qui consumera leurs entrailles. » (Chap. 4.)

« Ceux qui écartent leurs semblables de la religion, « ceux qui lui donnent de fausses interprétations et qui « ne croient point à la vie future, ne rendront point « Dieu impuissant. Ils n'auront aucun abri contre sa « colère. Leurs tourments seront horribles, parce qu'ils « n'ont voulu ni voir ni entendre. Ils ont perdu leurs « âmes, et ont vu disparaître leurs dieux chimériques. « Leur réprobation est certaine. (Chap. 11.)

« Ceux qui, attachés à la vie du monde, désireront « ses plaisirs, y recevront le prix de leurs œuvres, et

« ils ne seront point trompés : mais leurs œuvres seront « vaines et sans prix pour la vie éternelle. Le feu sera « leur récompense. (Chap. 11.)

« N'arrête point tes regards sur les biens que nous « avons dispensés aux pervers. Ne t'afflige point de leur « sort... (Chap. 15.)

« Ne croyez pas que Dieu néglige les actions des mé- « chants. Il diffère leur punition jusqu'au jour où ils « porteront leurs regards vers le ciel. Ils se hâteront, « ils lèveront la tête. Leurs regards seront immobiles, « et leurs cœurs saisis d'effroi. » (Chap. 14.)

« Les croyants vertueux entreront dans les jardins où « coulent des fleuves. Ils y demeureront éternellement « par la permission de Dieu. Leur salutation mutuelle « sera : *La paix soit avec vous.* » (Chap. 14.)

« Les justes habiteront le séjour de la paix. Les jardins « et les fontaines seront leur partage. Ils seront vêtus « d'habits de soie, et se regarderont avec bienveillance. « Les houris au sein d'albâtre, aux beaux yeux noirs, « seront leurs épouses. Ils auront à discrétion les fruits « du Paradis. Ils n'éprouveront plus la mort, et seront « à jamais préservés des peines de l'enfer. Le ciel leur en « est garant. Cette assurance est pour eux le comble du « bonheur. » (Chap. 44.)

« Là seront de jeunes vierges au regard modeste, dont « jamais homme ni génie n'a profané la beauté. »

« Les houris d'une beauté ravissante embelliront ce « séjour. »

« Ces vierges aux beaux yeux noirs seront renfermées « dans des pavillons superbes. »

« Leurs époux reposeront sur des tapis verts et des « lits magnifiques. Près d'eux seront les houris aux « beaux yeux noirs. » (Chap. 55.)

Ce genre de description, qui est assortissant à la grossière sensualité des Orientaux, n'autorise pas l'idée de luxure que beaucoup de gens se sont faite des mœurs musulmanes. Si Mahomet a cru nécessaire d'employer ces images pour faire concevoir le bonheur du ciel à ceux qui n'écoutent que leurs sens, il fait voir d'un autre côté son estime pour la vertu contraire à une coupable dissolution.

« Commande aux fidèles de contenir la licence de leurs « regards et d'être chastes. Ils en seront plus purs. Dieu « est le témoin des actions. » (Chap. 24.)

On lit dans le *Sonnah* (1) de Mahomet : « L'un des « biens du paradis, auprès duquel tous les autres sont « défectueux, consiste en la vue de Dieu. »

« La plus grande peine des damnés, disent les doc« teurs musulmans, est d'être séparés de Dieu. »

La miséricorde est un des attributs divins les mieux reconnus dans le mahométisme.

« C'est Dieu qui pardonne les péchés, qui reçoit la « pénitence, et qui exerce une vengeance terrible. Il est « le Dieu infini. Il est le terme de toutes choses. » (Ch. 40.)

« Dieu ne veut point perdre ses créatures. Il possède « ce qui est dans les cieux et sur la terre. Il est le centre « où tout se réunira. » (Chap. 3.)

« Ceux qui ayant péché par ignorance, retourneront « à Dieu avec un cœur contrit, éprouveront sa miséri« corde, parce qu'il est savant et sage. » (Chap. 4.)

« Dieu lit au fond de vos cœurs ; il sait si vous êtes « justes. Il pardonnera à ceux qui reviendront à lui. » (Chap. 17.)

« Efforcez-vous de mériter l'indulgence du Seigneur

(1) Le *Sonnah* est un livre qui contient les sentences de Mahomet et les traditions musulmanes.

« et la possession du Paradis, séjour préparé aux justes ; « à ceux qui font l'aumône dans la prospérité et dans l'ad- « versité, et qui, maîtres des mouvements de leur colère, « savent pardonner à leurs semblables. » (Chap. 3.)

« Si vous vous vengez, que la vengeance ne passe pas « l'offense. Ceux qui souffriront avec patience feront une « action plus méritoire. »

« Souffre patiemment la calomnie. » (Chap, 73.)

« La vengeance doit être proportionnée à l'injure ; « mais l'homme généreux qui pardonne, a sa récompense « assurée auprès de Dieu, qui hait la violence........ « L'homme miséricordieux qui pardonne, suit les lois de « l'Éternel. » (Chap. 42.)

« Il est dit dans le *Sonnah* : Rendre le mal pour le mal « est considéré par quelques-uns comme un trait de po- « litique et de prudence ; mais les hommes vraiment « pieux reçoivent le mal et prodiguent le bien. »

« L'homme de bien paie avec des présents les refus « qu'il a éprouvés, et la médisance par des louanges. Nous « devons ressembler à ces arbres branchus et chargés de « productions, qui donnent en même temps de l'ombre « et des fruits à ceux qui leur jettent des pierres. »

« Lorsque Dieu vous a accordé la victoire, rendez-lui « grâce ; mais le meilleur remercîment que vous puis- « siez lui faire, c'est de pardonner à vos ennemis. »

La prière est surtout recommandée.

« O croyants ! implorez le secours du ciel par la prière « et la persévérance : Dieu est avec les patients...... Nous « vous éprouverons par la crainte, la faim, la diminu- « tion de vos facultés, de votre esprit, de vos biens. Heu- « reux ceux qui supporteront ces maux avec patience !

« Heureux ceux qui, au sein de l'indigence, s'écrient : « Nous sommes les enfants de Dieu ; nous retournerons à « lui ! » (Chap. 2.)

« Souffrez avec patience et gaieté. »

« La nature mit dans le cœur de l'homme l'impa-
« tience. Dans l'adversité il devient timide ; dans la pro-
« spérité, il est dur et avare. » (Chap. 70.)

« Sois patient : les promesses de Dieu sont véritables.
« Demande pardon de tes fautes, et loue le Seigneur le
« soir et le matin. »

« La prière des pervers se perd dans les ténèbres. » (Chap, 40.)

« Attends avec patience le jugement de Dieu. Glorifie
« le nom du Seigneur le matin et le soir. » (Chap. 76.)

« Commande la prière à ta famille, fais-la avec per-
« sévérance. Nous n'exigeons point que tu amasses des
« trésors. Nous fournirons à tes besoins. La piété aura
» sa récompense. » (Chap. 20.)

» Lis la doctrine du Coran qui t'a été révélée. Fais la
« prière ; elle écarte de l'impureté et de l'injustice. Le
« souvenir de Dieu est le premier des biens. » (Chap. 29.)

Les musulmans font la prière au lever de l'aurore, à midi, à trois heures, au coucher du soleil et deux heures après. Ils la prononcent lorsqu'ils égorgent un animal, au commencement de leur lecture et de leurs actions importantes. Elle est pour eux ce qu'est pour nous le signe de la croix.

C'est du haut des minarets que la prière est annoncée au peuple par des crieurs.

Voici dans quels termes elle est faite :

« Louange à Dieu, souverain des mondes ! La misé-
« ricorde est son partage ; il est le roi du jour du ju-
« gement. — Nous t'adorons, Seigneur, et nous implo-
« rons ton assistance. Dirige-nous dans le sentier du
« salut, dans le sentier de ceux que tu as comblés de tes
« bienfaits, de ceux qui n'ont pas mérité ta colère et
« se sont préservés de l'erreur. »

Les exhortations de Mahomet pour la préférence des biens éternels aux biens temporels, sont visiblement calquées sur le désintéressement évangélique.

« Mortels, que le commerce et le soin de vos affaires « ne vous fassent point oublier le souvenir de Dieu. « Faites la prière et l'aumône. » (Chap. 24.)

« Le soin d'amasser vous occupe jusqu'à ce que vous « descendiez dans le tombeau.

« Hélas ! un jour vous saurez. Hélas ! je vous le répète, « un jour vos yeux seront dessillés. Ah ! si vous saviez « avec certitude.

« Vous verrez les gouffres de l'enfer, vous les verrez « à découvert; alors vous rendrez compte de vos plai- « sirs. » (Chap. 102.)

« L'amour du plaisir éblouit les mortels. Les femmes, « les enfants, les richesses, les chevaux superbes, les « troupeaux, les campagnes, sont les objets de leurs ar- « dents désirs. Telles sont les jouissances de la vie mon- « daine; mais l'asile que Dieu prépare est bien plus « délicieux. » (Chap. 3.)

« Il est des hommes qui disent : Seigneur, donnez- « nous notre portion de biens dans ce monde. Ils n'au- « ront point de part à la vie future. La vie du monde est « parsemée de fleurs pour les infidèles. Ils se moquent « des croyants. » (Chap. 2.)

« Ils ont préféré la vie mondaine à la vie future. Dieu « ne conduit point les infidèles. Il a scellé leurs cœurs, « leurs oreilles et leurs yeux. Ils sont ensevelis dans le « sommeil de l'insouciance. Leur réprobation est cer- « taine. » (Chap. 16.)

« Les œuvres de l'incrédule sont semblables à la pous- « sière qu'un vent violent disperse dans un jour orageux : « ils n'en retireront aucune utilité. Ce sera le comble de « l'égarement. (Chap. 11.)

« La vie humaine n'est qu'une jouissance trompeuse. » (Chap. 3.)

« Cette vie n'est qu'un jeu frivole ; mais la foi et la « crainte du Seigneur auront leur récompense. » (Chap. 47.)

« Les promesses de Dieu sont véritables. Mortels ! « que les charmes de la vie mondaine ne vous séduisent « pas ; que le tentateur ne vous détourne pas de la reli- « gion sainte. » (Chap. 31.)

« Ne porte point des regards avides sur les biens d'au- « trui. Les fleurs qui parent le sentier de la vie sont une « épreuve. Les biens que Dieu promet sont plus précieux « et plus durables. » (Chap. 20.)

« Les richesses de ce monde sont comme la pluie, que « nous faisons tomber des nuages pour féconder les « plantes. Celles-ci brillent un instant ; mais tout à « coup desséchées, elles deviennent le jouet des vents. » (Chap. 18.)

« La qualité que Dieu aime le plus dans ses créatures « est la pauvreté. » (Chap. 13.)

« Le Seigneur donne la sagesse à qui il lui plaît. Celui « qui reçoit cette faveur possède le plus grand des biens. « Mais il n'y a que ceux qui ont un cœur à sentir ce « bienfait. » (Chap. 2.)

Une tradition populaire porte que le prophète arabe recommandait cinq choses à ses disciples, afin de vivre longuement :

Honorer son père et sa mère ;

Entretenir une bonne intelligence entre parents, faire l'aumône ;

Se tenir dans un état de guerre avec les infidèles, faire exactement les ablutions et les purifications prescrites.

« Dieu te commande de n'adorer que lui ; il te prescrit

« la bienfaisance pour les auteurs de tes jours, soit que « l'un d'eux ait atteint la vieillesse, ou qu'ils y soient par- « venus tous deux. Garde-toi de leur marquer du mépris « ou de les reprendre, et ne leur parle qu'avec respect; « sois pour eux tendre et soumis, et adresse au Ciel cette « prière : Seigneur, fais éclater ta miséricorde pour ceux « qui m'ont nourri dans mon enfance. » (Chap. 17.)

« Les parents invoqueront la malédiction du Ciel sur « un fils rebelle qui foule aux pieds leur autorité, et qui « rejette les promesses de la vie future. » (Chap. 46.)

Aucun chrétien ne peut méconnaître les préceptes de charité donnés aux musulmans.

« Exercez la bienfaisance envers vos pères, les orphe- « lins, les pauvres, et ceux qui vous sont liés par le sang; « exercez-la envers les étrangers, vos compagnons d'ar- « mes, les voyageurs et les esclaves. Le Tout-Puissant « hait l'homme dur et orgueilleux. » (Chap. 4.)

« O croyants ! donnez l'aumône des biens que nous « vous avons départis, avant le jour où l'on ne pourra « plus acquérir, où il n'y aura plus d'intercession. » (Chap. 2.)

« L'aumône que vous ferez, le vœu que vous aurez « formé seront connus du Ciel; la réprobation ne sera « point le partage des bienfaisants; il est bien de mani- « fester ses bonnes œuvres; il est mieux de les cacher. « Elles effacent les péchés; vous aurez le mérite du bien « que vous ferez, et vous en recevrez la récompense; « mais vous ne devez le faire qu'en vue de Dieu. » (Chap. 2.)

« Si votre débiteur a de la peine à vous payer, don- « nez-lui du temps, ou si vous voulez mieux faire, remet- « tez-lui sa dette. Si vous saviez! » (Chap. 2.)

« Si tu t'éloignes de l'indigent, obligé toi-même d'a-

« voir recours à la miséricorde divine, parle-lui au moins « avec humanité. » (Chap. 17.)

« Ne détourne point orgueilleusement tes regards des « hommes ; ne marche point avec faste sur la terre ; « Dieu hait le superbe et le glorieux ; sois modeste dans « ta conduite ; abaisse le ton de ta voix ; la plus désa- « gréable de toutes est celle de l'âne. » (Chap. 31.)

« O croyants ! ne vous moquez point de vos frères, « souvent celui qui est l'objet de vos railleries est plus « estimable que vous ; et vous, femmes, évitez ce défaut... « ne vous diffamez point mutuellement ; un terme de « mépris ne convient point à celui qui a la foi. — Soyez « circonspect dans vos jugements, souvent ils sont in- « justes ; mettez des bornes à votre curiosité ; ne déchi- « rez point la réputation des absents. » (Chap. 49.)

« Ne repousse point ceux qui invoquent le Seigneur « le matin et le soir, et qui désirent attirer ses regards ; « ce n'est point à toi de juger leur intention ; ils ne doi- « vent point juger de la tienne ; ce serait une injustice « de les rebuter. » (Chap. 6.)

« Les serviteurs du miséricordieux sont ceux qui mar- « chent avec modestie, répondent avec bonté à l'igno- « rant qui leur parle ; qui passent la nuit à adorer le « Seigneur, prosternés ou debout, qui, dans leurs lar- « gesses, ne sont ni prodigues ni avares, mais économes ; « et qui, adorateurs d'un Dieu unique, ne transgressent « point le précepte divin qui défend le meurtre et l'a- « dultère ; ceux qui ne portent point faux témoignage « et qui conservent leur honnêteté au milieu des discours « obscènes. » (Chap. 25.)

« Recommande à mes serviteurs l'honnêteté dans les « paroles, de peur que Satan ne sème la discorde entre « eux. » (Chap. 17.)

« Amis sur la terre, les méchants seront ennemis dans

« l'autre monde; mais la tendre amitié suivra les justes. » (Chap. 43.)

Il ne serait pas vrai de dire que les hommes vicieux, qui ne sont pas rares non plus dans le mahométisme, ont manqué d'avertissements religieux; mais si nous nous plaisons à faire ressortir ce qui est remarquable dans le livre que son auteur dit avoir reçu du Ciel, c'est uniquement pour qu'on en puisse conclure qu'il ne serait pas difficile de nous entendre avec les musulmans instruits et de bonne foi. Nous avons eu en vue d'un autre côté de persuader à nos compatriotes qui vont en Afrique, qu'un Maure, un Arabe, un Kabaïle, un Bédouin bien pénétré et praticien sincère des préceptes de morale que nous avons recueillis, est vraiment digne d'estime, et qu'il suffit qu'on en puisse rencontrer d'un pareil caractère pour que l'on soit tenu d'être humain et charitable envers tous. Nous désirons aussi que ce tableau des leçons qu'on leur prêche adoucisse les rigueurs quelquefois extrêmes dont on va chercher l'excuse dans les lois de la guerre. D'ailleurs cet aperçu de la doctrine des musulmans ne sera pas inutile aux personnes qui voudraient entrer dans des explications avec eux. Un esprit du premier ordre a dit que le plus court et le plus sûr moyen de convertir qui que ce soit, c'est de se servir des sentiments qu'il embrasse.

« Ceux qui font l'aumône par ostentation et qui n'ont « point la foi seront les compagnons du diable. » (Chap. 4.)

« Les avares cachent les richesses dont le Ciel les a com- « blés; ils subiront avec les infidèles un supplice ignomi- « nieux. » (Chap. 4.)

« L'usure par laquelle l'homme veut augmenter ses « richesses, ne produira rien auprès de Dieu. L'aumône

« que vous faites dans l'espoir de mériter sa présence, « multipliera au centuple. » (Chap. 30.)

« O croyants ! il est écrit que vous serez soumis au « jeûne, comme le furent vos pères, afin que vous crai- « gniez le Seigneur. Les jours du jeûne sont comptés. » (Chap. 2.)

« Celui qui fera plus que le précepte, éprouvera la re- « connaissance du Seigneur. » (Chap. 2.)

« Evitez les débauches ; c'est un crime et le chemin de « l'enfer. » (Chap. 17.)

En traitant de l'*Eschibée*, c'est-à-dire de la prohibition des liqueurs enivrantes et des jeux de hasard, le *Sonnah* porte : « Le vin, le jeu et les idoles sont des abomina- « tions suggérées par le démon. »

« O croyants ! ne tuez point d'animal à la chasse pen- « dant le pèlerinage de la Mecque ; celui qui violera cette « défense sera puni comme s'il avait tué un animal do- « mestique. » (Coran, chap. 5.)

« Vous dirai-je quel est le mortel que Satan inspire ? « c'est le menteur et l'impie. » (Chap. 26.)

« Malheur au menteur et au scélérat. » (Chap. 45.)

« Malheur au médisant et au calomniateur. » (Chapitre 104.)

« Malheur aux hypocrites ! ils prient avec négligence « et seulement par ostentation ; ils refusent de tendre à « leurs semblables une main secourable. » (Chap. 107.)

« Ne suis pas celui dont le cœur nous a oublié et « qui n'a pour guide que ses désirs et ses passions déré- « glées. » (Chap. 18.)

La présomption orgueilleuse n'est pas ménagée.

« Ne marchez point orgueilleusement sur la terre « Vous ne pouvez ni la partager en deux, ni égaler la « hauteur des montagnes. » (Chap. 17.)

« Ne cherchez point à pénétrer ce que vous ne pouvez

« savoir ; vous rendrez compte de l'ouïe, de la vue et de « votre cœur. » (Chap. 17.)

« Ne jurez point. Le Tout-Puissant pèse vos actions. » (Chap. 24.)

« Ne dis jamais : Je ferai cela demain, sans ajouter : si « c'est la volonté de Dieu. Élève vers lui ta pensée, « lorsque tu as oublié quelque chose, et dis : Peut-être « qu'il m'éclairera et qu'il me fera connaître la vérité. » (Chap. 18.)

En effet, les mahométans ne font jamais de réponse absolue : ils y ajoutent toujours : *En cha Allah.*

La vigilance sur soi-même et le recours à l'assistance divine sont recommandés dans les passages suivants :

« L'homme est environné d'anges qui se succèdent « sans cesse. Dieu les a chargés de veiller à sa conserva- « tion. Il ne retire ses grâces que quand l'homme est « perverti. » (Chap. 11.)

« Chacun a un gardien qui l'observe. » (Chap. 86.)

« Si le tentateur te sollicite au crime, cherche un asile « dans le sein de Dieu ; il voit et entend. » (Chap. 41.)

« Je mets ma confiance dans le Seigneur des hommes, « Roi des hommes, Dieu des hommes, afin qu'il me dé- « livre des séductions de Satan, qui souffle le mal dans « les cœurs, et qu'il me défende contre les entreprises « des génies et des méchants. » (Chap. 114.)

Ces invocations rendent difficile l'explication de la sentence suivante, sur laquelle pourrait bien être fondé l'absurde fatalisme que professent la plupart des musulmans :

« L'homme porte son sort attaché au cou. » (Chap. 17.)

Les musulmans reconnaissent cinq principales vertus pour la perfection d'une personne.

La première consiste dans la confiance en Dieu ; la deuxième dans la renonciation à nos volontés ; la troisième dans la foi des vérités éternelles ; la quatrième dans l'accomplissement de nos devoirs ; la cinquième dans la bienfaisance la plus étendue.

Pour ce qui est de la tolérance des religions et du choix de celle qu'il faut embrasser, il n'y a pas toujours conséquence dans les idées que présentent les divers chapitres du Coran ; ce qui paraîtrait confirmer qu'en effet son auteur ne l'a publié qu'à bâton rompu et selon l'occurrence.

« Ne faites point de violence aux hommes à cause de « leur foi. La voie du salut est assez distincte du chemin « de l'erreur. » (Chap. 2.)

« Nous avons prescrit à chaque peuple ses rites sa- « crés ; qu'ils les observent, et qu'ils ne disputent point « sur la religion. » (Chap. 22.)

« Lorsqu'on a dit aux infidèles : Embrassez la religion « que Dieu a révélée à son apôtre, ils ont répondu : La « croyance de nos pères nous suffit. Peu leur importe « que leurs pères n'aient eu ni science ni lumières pour « se conduire. » (Chap. 5.)

« Le péril de changer de religion est pire que le « meurtre. » (Chap. 7.)

« Fuyez ceux qui déchirent la religion, jusqu'à ce « qu'ils changent de discours. Si le tentateur vous faisait « oublier ce précepte, songez que vous ne devez pas vous « asseoir avec les infidèles. » (Chap. 6.)

« Exhorte les croyants à pardonner aux incrédules. « Dieu rendra à chacun selon ses œuvres. » (Chap. 45.)

« Combats les idolâtres et les impies ; sois terrible « contre eux. Leur réceptacle sera l'enfer, séjour du « désespoir. » (Chap. 66.)

« Les croyants qui deviendront apostats seront dé- « voués au courroux et à la vengeance du Ciel, à moins

« qu'ils n'aient cédé à la violence, et que leur cœur ne « soit sincèrement attaché à la foi. » (Chap. 16.)

Cela paraît fort élastique et aussi peu propre à faire des martyrs, que fort encourageant pour ceux qui cultivent la dissimulation et les restrictions mentales.

Voici la sentence que le soi-disant prophète a fulminée contre nous, comme atteints et convaincus du crime de polythéisme dans notre profession de foi sur les trois Personnes divines. C'est le point capital qui nous sépare des musulmans ; car il n'est pas facile de leur faire admettre l'unité dans la diversité, bien que leur entendement inculte s'accommode d'assertions tout autrement incompréhensibles.

« Celui qui donne un égal à l'Eternel ne saurait justi-« fier sa croyance. Il lui rendra compte de son impiété. « Le bonheur ne sera pas le partage des idolâtres. » (Chap. 23.)

« Les juifs et les chrétiens disent : Embrassez notre « croyance, si vous voulez être dans le chemin du sa-« lut. Répondez-leur : Nous suivons la foi d'Abraham, « qui refusa de l'encens aux idoles et n'adora qu'un « Dieu. » (Chap. 2.)

« Abraham est le chef des croyants : il fut soumis à « Dieu ; il adora son unité et refusa de l'encens aux « idoles.... Nous t'avons inspiré d'embrasser la religion « d'Abraham. » (Chap. 16.)

« Nous élevâmes les prophêtes les uns au-dessus des « autres. Nous donnâmes à David le livre des psaumes. » (Chap. 17.)

« Après les prophètes, nous avons envoyé Jésus, fils de « Marie, pour confirmer le Pentateuque. Nous lui avons « donné l'Évangile, qui est le flambeau de la foi, et qui « met le sceau à la vérité des anciennes Ecritures. Ce livre « éclaire et instruit ceux qui craignent le Seigneur. Les

« chrétiens seront jugés d'après l'Évangile. Ceux qui les « jugeront autrement seront prévaricateurs. » (Chap. 5.)

« Avant toi, nous n'avons envoyé que des hommes « inspirés. Interrogez les juifs et les chrétiens, si vous « l'ignorez. » (Chap. 21.)

« Dites : Nous croyons en Dieu, au livre qui nous a « été envoyé, à ce qui a été révélé à Abraham, Ismaël, « Isaac, Jacob, et aux douze tribus. Nous croyons à la « doctrine de Moïse, de Jésus et des prophètes ; nous ne « mettons aucune différence entre eux, et nous sommes « musulmans. » (Chap. 2.)

Musulman ou muslemin, et même musleman sont des mots arabes qui signifient fidèle ou croyant : ils dérivent de *moslem*, c'est-à-dire professeur de l'*islam*, d'où dérive islamisme, *consécration à Dieu.*

La croyance en la mission de Noé, d'Abraham, de Moïse, de Jésus, est un point indispensable pour l'introduction à l'islamisme ; de manière qu'un juif ne peut être admis dans la communion des musulmans, sans qu'auparavant il donne des preuves de sa foi dans la mission de Jésus, en le reconnaissant *rouk oullak,* c'est-à-dire *esprit de Dieu* et fils d'une vierge.

Aïssa ou *Issa eba miriam,* est le nom que les Arabes donnent à Jésus, fils de Marie, et ce nom n'est prononcé qu'avec un grand respect, en le faisant toujours précéder de *Sidna,* qui signifie *Notre-Seigneur.*

En vertu de la mission que Mahomet s'est donnée, les juifs et les chrétiens sont jugés dans ces termes.

« Dis aux juifs et aux chrétiens : Vous n'êtes appuyés « sur aucun fondement, tant que vous n'observerez pas « le Pentateuque, l'Evangile et les commandements de « Dieu. » (Chap. 5.)

« Les juifs et les chrétiens se flattent qu'eux seuls au« ront l'entrée du Paradis... Quiconque tournera sa face

« vers le Seigneur et exercera la bienfaisance, aura sa « récompense auprès de lui, et sera exempt de la crainte « et des tourments. » (Chap. 2.)

« Certainement les musulmans, les juifs, les chré- « tiens et les sabéens qui croiront en Dieu et au jour « dernier, et qui feront le bien, en recevront la récom- « pense de ses mains. » (Chap. 2.)

Il y a pourtant ici contradiction avec la sentence suivante :

« Celui qui professera un autre culte que l'islamisme « n'en retirera aucun fruit, et sera au nombre des ré- « prouvés. » (Chap. 3.)

On va voir pourquoi les mahométans ont pour nous des égards qu'ils n'ont pas pour les juifs.

« Vous éprouverez que les juifs et les idolâtres sont « les plus violents ennemis des fidèles, et parmi les chré- « tiens vous trouverez des hommes humains et attachés « aux croyants, parce qu'ils ont des prêtres et des reli- « gieux voués à l'humilité. » (Chap. 5.)

Ce qui suit surprendra plus d'un lecteur. On ne peut en effet s'y attendre lorsqu'on s'est tenu aux notions communes sur l'inconcevable entreprise de celui qui a osé se donner pour le suppléant du Juste par excellence, en paraphrasant la morale évangélique plus de six cents ans après sa publication.

« Célèbre Marie dans le Coran. Nous lui envoyâmes « Gabriel notre esprit, sous la forme humaine. Le misé- « ricordieux est mon refuge, s'écria Marie; si tu le « crains... — Je suis l'envoyé de ton Dieu, dit l'ange ; je « viens t'annoncer un fils béni. — D'où me viendra cet « enfant, répondit la Vierge? nul mortel ne s'est appro- « ché de moi, et le vice m'est inconnu. — Il en sera « ainsi, répliqua l'ange; la parole du Très-Haut en est « le garant. » (Chap. 19.)

« Chante la gloire de Marie, qui conserva sa virginité « intacte ; nous soufflâmes sur elle notre esprit ; elle et « son fils firent l'admiration de l'univers. » (Chap. 21.)

« Nous avons donné le Pentateuque à Moïse, nous l'a- « vons fait suivre par les envoyés du Seigneur ; nous « avons accordé à Jésus, fils de Marie, la puissance des « miracles ; nous l'avons fortifié par l'esprit de sainteté. » (Chap. 2.)

« Lorsque Jésus parut sur la terre au milieu des mira- « cles, il dit aux hommes : Je viens vous apporter la sa- « gesse et vous éclairer sur vos doutes ; craignez Dieu et « suivez ma doctrine. — Il est mon Seigneur et le vôtre ; « servez-le ; c'est le chemin du salut. » (Chap. 43.)

« Les juifs furent perfides envers Jésus. Dieu trompa « leur perfidie ; il est plus puissant que les fourbes. » (Chap. 3.)

« Jésus, fils de Marie, adressa au Ciel cette prière : « Seigneur, fais-nous descendre une table du ciel ; « qu'elle soit une fête pour le premier et le dernier d'en- « tre nous, et un signe de ta puissance. Nourris-nous ; tu « es le plus libéral des dispensateurs. — Le Seigneur « exauça sa demande et dit : Celui qui après cette mer- « veille sera incrédule, subira le supplice le plus terri- « ble qu'éprouvera jamais aucune créature. » (Chap. 5.)

« Jésus sera le signe certain de l'approche du juge- « ment. Gardez-vous de douter de sa venue. » (Chap. 43.)

Tel est l'esprit de la prédication de Mahomet, de cet homme auquel on ne peut contester le mérite de s'être élevé d'une condition commune jusqu'à la domination de l'intelligence et de la volonté de ses compatriotes, les tirant de l'idolâtrie, se faisant leur législateur, et les gouvernant avec une autorité absolue. Mais l'aveu de son illustration, sous ce rapport, ne nous empêche pas de dire que c'est sa religion, prêchée le sabre à la main, qui a donné l'impulsion aux essaims fanatiques dont l'irruption a inondé de sang et couvert de ruines l'Orient et l'Occident.

En disposant les citations de sa doctrine comme nous l'avons fait, notre dessein a été d'indiquer la facilité de rapprochement que présenterait entre les deux croyances le fonds d'idées morales qui leur est commun ainsi que la source avouée par l'une et par l'autre. Nous avons pensé que la place de ce résumé devait se trouver assez naturellement après la proposition des mesures conciliatrices que nous voudrions voir succéder à une guerre aussi vaine que déplorable, car elle se fait contre un peuple dont la soumission sera toujours feinte, parce qu'il ne croit pas qu'on doive obéir volontairement à un gouvernement d'*infidèles*.

Pour dernière considération sur cette antipathie, nous ferons remarquer la dissemblance qui résulte des rapports établis entre les deux sexes dans l'une et l'autre religion. Un ordre social où la moitié du genre humain se trouve effacée devant l'autre, sera toujours incompatible avec la société où la femme occupe la place que la raison et le sentiment lui assignent. On ne fera jamais un seul corps social obéissant au même régime administratif, d'un amalgame de familles qui se régissent par des lois diverses. La femme n'a que peu gagné dans l'islamisme, comparativement à la dégradation où la tenaient les mœurs antiques et ensuite, nos pères les Germains et les Gaulois, chez lesquels aussi le mari avait sur sa femme le droit de vie et de mort.

Cet abus de la force fut depuis tempéré chez les Arabes par les exhortations que leur fait le Coran de se conduire avec douceur et justice envers celles qui sont en leur puissance. Mahomet reconnaît que beaucoup d'hommes ont été doués de perfection ; mais quatre femmes seulement l'ont obtenue : ce sont Asia, femme de Pharaon, et puis Marie, fille d'Amran et mère de Jésus; auxquelles le prophète adjoint sérieusement sa femme Cadige et sa fille Fatmé. Rien n'assure dans le système du mahométisme que les femmes passent de ce monde dans le séjour de l'éternelle félicité. Odin ne permettait l'entrée du Valhalla (son paradis) qu'à la veuve qui se donnait la mort pour y aller rejoindre son mari. Enfin la femme ne cessa d'être assimilée à une propriété mobilière que lorsque la loi chrétienne, établissant l'égalité religieuse des époux, lui conféra les droits civils, c'est-à-dire la faculté de posséder et celle de disposer de ses biens par testament. C'est alors seulement que son honneur et sa liberté n'ont plus dépendu que d'elle-même au milieu de la société, sous la protection d'une généreuse chevalerie et sous la sauve-garde des lois civiles. Dans cet ordre de choses, la perfection que Mahomet veut bien attribuer à Marie n'est plus une exception parmi le sexe faible dont il a pitié. Les hommages qui sont rendus à ce type de la femme régénérée inspirent ceux que l'on rend à toute sœur, épouse, mère ou veuve, quel que soit son âge ou sa condition; et ces égards, ces respects pour la femme sont, dans les relations des Européens avec les Africains musulmans, une discordance qui ne cessera que par le ralliement de ceux-ci à la doctrine qui a opéré la civilisation de ceux-là.

Les annales de l'Europe nous attestent la puissante influence qu'exerça la femme dans la conversion des chefs de nos farouches aïeux. Le paganisme et les bourreaux qu'il soudoyait avaient déjà vu déployer le plus grand caractère chez le sexe naguère opprimé et rendu à sa dignité par la parole évangélique. Y aurait-il de la témérité à concevoir l'espérance d'une semblable transformation chez les musulmans, par des moyens analogues ? Dans tous les cas, nos efforts dirigés vers ce but ne pourraient pas les rendre plus ennemis de notre domination qu'ils ne le sont constamment malgré la condescendance à favoriser leur culte ; ce qu'ils prennent pour une lâcheté, ou pour un effet de cette entière indifférence qu'ils jugent digne du dernier mépris. Notre entreprise de les éclairer par la plus douce persuasion ne manquerait pas, au contraire, de nous gagner l'estime et l'amitié d'un peuple imbu d'ailleurs d'une tradition répandue en Orient depuis plusieurs siècles, laquelle porte que cette génération ne passera pas sans avoir vu crouler le mahométisme.

En attendant, cessons de créer des motifs de méfiance envers ce peuple, qui nourrit la haine et la duplicité par devoir de conscience, et dont l'opiniâtre résistance nous fait malheureusement recourir au même genre de domination qui faisait détester les Turcs. Les razzias ne conduiront à autre chose qu'à l'hérédité des haines qui s'allument de plus en plus dans les tribus. De pareils exploits satisfont en secret des nations aujourd'hui nos sournoises rivales, mais qu'un incident peut transformer d'un moment à l'autre en ennemis déclarés. S'il est enfin un système de dispositions propre à nous maintenir en Afrique, soit avec les relations d'un voisinage mutuellement profitable, soit dans une position de défense respectable en toute circonstance plus ou moins prochaine, on ne saurait trop engager nos concitoyens à le chercher. C'est bien sincèrement que nous applaudirions à la découverte, dût-elle en premier résultat faire trouver imaginaire ou superflu tout ce que nous avons avancé pour aider à résoudre cette grande question.

www.ingramcontent.com/pod-product-compliance
Ingram Content Group UK Ltd.
Pitfield, Milton Keynes, MK11 3LW, UK
UKHW022111170726
13837UKWH00003B/1157

9 782329 155401